맨땅 개척
미라클 챌린지

맨땅 개척
미라클 챌린지

초판 1쇄 발행 2026년 4월 8일

지은이   서충은
펴낸이   이기봉
편집   좋은땅 편집팀
펴낸곳   도서출판 좋은땅
주소   서울특별시 마포구 양화로12길 26 지월드빌딩 (서교동 395-7)
전화   02)374-8616~7
팩스   02)374-8614
이메일   gworldbook@naver.com
홈페이지 www.g-world.co.kr

ISBN   979-11-388-5841-0 (03230)

Miracle Church Planting Challenge

◆ 지축능력교회 빈손 개척 도전기 ◆

맨땅 개척
미라클 챌린지

20대 개척 # 맨땅 헤딩 # 3번 교회 건축 # 미라클 개척 챌린지

서충은 지음

좋은땅

프롤로그(Prolog)

가진 것이라곤 젊음뿐이던 28살. 다니던 교회에서 쫓겨난 10명가량의 성도들과 함께 교회 개척을 시작했습니다. 조그마한 상가라도 얻었으면 좋았으련만 그럴 여력조차 없었습니다. 결국 고양시 덕은동 외진 그린벨트 땅에 중고 판넬로 예배 처소를 마련하고 첫 창립 예배를 드렸습니다. '능력교회'라는 이름으로 개척을 시작했지만 현실은 무능력에 가까웠습니다. 돈도 없고, 성도도 없고, 미래도 없는 3무(三無) 개척이었습니다.

그런 우리 교회를 바라보는 주변의 시선은 대부분 비슷했습니다.
"너희는 장소를 잘못 선택했다. 거긴 개척할 만한 동네가 아니야."
"이렇게 준비 없는 개척은 그저 맨땅에 헤딩일 뿐. 시간 낭비하지 말고 그냥 빨리 접어라."

하지만 그들의 예상과는 달리 우리의 개척은 실패로 끝나지 않았습니다. 우린 개척 2년 만에 교회 명의의 첫 토지(22평)를 구입하게 되었고, 개척 7년 차에는 화전동 도로변 부지(시유지 포함 약 80평)을 마련

    맨땅 개척 미라클 챌린지

해 성전을 건축하여 도약의 발판을 마련했습니다. 그리고 개척 12년 만인 2019년, 우리 교회는 고양시 지축 신도시에 300평의 부지를 구입하여 성전 건축을 완공하고 본격적인 지축동 시대를 열게 되었습니다. 이렇게 우리의 형편이 변하자 개척 초기부터 들려온 비아냥은 어느새 부러움과 격려의 말로 바뀌었고, 무모한 풋내기 전도사 취급을 받던 저는 어느 날부턴가 '부동산의 귀재(?)', '능력자(?)'로 불리게 되었습니다.

우리 교회는 특히, 보통의 개척 단계에서 준비되는 교회 지원이나 개별적인 정기 후원 없이 오롯이 빈손으로 시작해 일어선 희소한 케이스라는 점에서 더욱 놀라움을 주었습니다. 결국 누구도 희망을 말하지 않았던 우리의 초라한 개척이, 오히려 작은 자들과 약한 자들을 들어 천(千)과 강국을 이루시는(사60:22) 하나님의 능력의 증거로 쓰임받은 것을 생각할 때 그 감사함은 이루 말로 다 표현할 수 없었습니다.

지금 한국에는 약 5만 개 교회가 있고, 그중 3만 개가 미자립 교회로 알려져 있습니다. 그중 다수가 안으로는 재정의 압박으로, 밖으로는 한국 교회에 대한 사회적 반감으로 외우내환의 상황에 놓여 있습니다. 이런 척박한 현실 가운데에서도 오직 예수님만이 유일한 소망임을 믿으며 오늘도 눈물로 기적의 씨앗을 심는 동역자들과 성도들이 있기에 저는 한국 교회가 여전히 살아 있으며 희망이 있다고 믿습니다.

사실 전 개척의 성공을 운운할 처지가 못 되며, 저희 교회는 여전히 소형 교회에 불과합니다. 그럼에도 우리의 맨손 개척과 그에 따른 작은 성장 이야기는, 지금도 어딘가에서 외롭고 힘겨운 믿음의 싸움을 이어 가고 있는 개척 교회 동역자들에게 하나의 오름직한 동산 같은 위로와 도전이 될 수 있다는 마음에서 글을 쓰게 되었습니다.

아울러 풋내기 목회자를 따라 지난 18년간 동고동락하며 함께 은혜의 길을 걸어온 사랑하는 지축능력교회 성도님들에게 진심으로 감사의 말씀을 드립니다. 우리 교회의 지난 발자취가 여러분 한 사람 한 사람의 사랑과 눈물, 헌신을 힘입어 걸어온 은혜의 여정이었음을 고백하고 싶습니다. 특히 오늘의 제가 있기까지 각별한 기도와 사랑으로 섬겨 주신 김광자 원로목사님과 개척 때부터 함께 헌신의 땀방울을 흘려온 정중교 부목사님 부부, 그리고 심상현 목사님에게 감사를 드립니다.

지난 화전동 건축 공사 좌초의 상황에서 도움의 천사가 되어 주신 서울보은교회 담임목사님과 성도님들, 특별히 능력교회 성전 건축에 있어 두 번의 귀한 도움의 손길을 건네주신 영원한 천사 선생님 서울보은교회 김진환 안수집사님과 정인선 권사님 내외분에게도 깊은 감사를 전합니다. 철없던 막내가 개척 목사가 되기까지 아낌없는 사랑으로 지원해 주신 우리 사랑하는 가족 문연덕 권사님, 서보은 안수집사님, 서지은 집사님 너무나 사랑합니다.

맨땅 개척 미라클 챌린지

그리고, 이 모든 것 위에 은혜로 역사하신 하나님께 오직 감사와 영광을 올려 드립니다.

여전히 개척의 풋내가 빠지지 않은

서충은 목사

목 차

제1부

◆

어린 시절, 그리고 방황

Chapter 1

그곳이 차마 꿈엔들 잊힐리야

[히 11:16]

그들이 이제는 더 나은 본향을 사모하니 곧 하늘에 있는 것이라 이러므로 하나님이 그들의 하나님이라 일컬음 받으심을 부끄러워하지 아니하시고 그들을 위하여 한 성을 예비하셨느니라

정지용 시인이 쓴 〈향수〉의 한 글귀처럼, 사람들은 저마다의 마음 한편에 고향에 대한 그리움을 가지고 살아갑니다. 저에게도 마음의 고향 같은 곳이 있습니다. 바로 제 모(母)교회인 보은교회입니다. (현재 명칭은 서울보은교회입니다) 그곳은 저의 신앙이 뿌리내린 믿음의 텃밭인 동시에 수많은 어린 시절의 추억이 담긴 동심의 고향이기도 합니다.

우리 가족에게 있어 보은교회는 떼려야 뗄 수 없는 특별한 인연이 있는 곳입니다. 저희 외할머니이신 정순자 집사는 마치 디모데 집안의 로이스처럼 집안 전체의 믿음 뿌리의 역할을 하신 분인데, 그런 외할머니가 예수님을 믿도록 가교 역할을 하신 분이 바로 보은교회의 오성환

원로목사님이셨습니다. 여기엔 특별한 사연이 있습니다.

저희 할머니는 본래 남해 여러 섬 중 하나인 '개도'라는 섬에 사셨습니다. 결혼 후에도 가난한 데다 잦은 병치레로 고생하신 할머니는 달리 기댈 곳 없어 무속에 의지하며 사셨습니다. 꼬맹이 시절의 제 어머니가 밖에 나갔다 집에 온 어느 날, 집안 마당에 굿판이 벌어졌습니다. 할머니 병환으로 인해 벌인 굿판이었습니다. 시끄러운 꽹과리 소리와 함께 춤을 추던 무당은 돌연 싸리나무 작대기를 들고 할머니를 막 때리는 것이었습니다. 어렸던 제 어머니는 할머니가 무당에게 매 맞는 줄 알고,

"아줌마, 우리 엄마를 왜 때려요?"

하며 무작정 덤벼들었습니다. 그런데 이때 무당이 어린 엄마를 노려보며 호통을 쳤습니다.

"이 어린 년, 예수쟁이! 아, 재수 없다! 이년, 재수 없으니 당장 쫓아내!"

아무도 무당에게 엄마가 교회를 다니는지 말해 주지 않았지만 역시 무당은 무당이었습니다. 그러나 예수쟁이 어린 꼬맹이가 굿판에 들어와 부정을 탔는지는 몰라도 그 무당의 신력은 통하지 않았습니다. 며

칠간의 굿판에도 불구하고 할머니의 병환이 차도가 없자 무당도 포기하기에 이르렀습니다. 결국 무당이 푸념하듯 말했습니다.

"야, 이제 네가 낫는 길은 예수 믿는 길밖엔 없다."

그리하여 마지막 지푸라기라도 붙잡는 심정으로 할머니는 인근 교회에 발걸음을 옮기게 되었습니다. 그런데 마침 그 교회에서 오성환 전도사님이 부흥회를 인도하고 계셨던 것이었습니다! 당시 여수 충무동 교회 전도사였던 오성환 전도사님은, 영혼을 향한 구령의 열정을 가지고 남쪽 개도 섬까지 배를 타고 내려와 복음을 전하며 부흥회를 연 상황이었습니다. 무심결에 교회로 오셨다가 전도사님의 능력 있는 말씀에 크게 감동을 받은 할머니는, 그 자리에서 예수님을 영접하게 되었습니다. 집회 후 집에 돌아와 하나님께 기도를 하는데 입술에서는 방언이 열리고 하늘에서 천사들이 춤을 추는 은혜로운 성령 체험을 하게 되었습니다. 즉시로 할머니는 지난 날 섬긴 모든 무속과 우상을 완전히 버리고 오로지 예수의 사람이 되셨습니다. 이후로 예수님을 모르는 완고한 외할아버지로부터 심한 핍박과 박해를 받았지만, 이 고난을 '내 몫에 태인 십자가'로 여기며 온 가족의 구원을 위한 한 알의 밀알된 삶을 사셨습니다. 끓여 놓은 라면이 다 불어가는 것도 잊은 채 눈물로 애타게 기도하시던 외할머니의 모습이 아직도 제 뇌리에 남아 있습니다.

 맨땅 개척 미라클 챌린지

몇 년의 시간이 흘러 오성환 목사님은 서울로 올라오셨고 서대문구 홍제동에 교회를 개척하셨습니다.

[시 116:12 개역한글]
여호와께서 내게 주신 모든 은혜를 무엇으로 보답할꼬

오성환 목사님은 '주님의 은혜를 보답하는 교회'라는 창립 정신을 담아 '보은교회'라는 이름으로 개척을 시작하셨습니다. 이 소식을 들은 외할머니는 맏딸인 어머니와 둘째 딸인 여수 이모를 서울로 올려 보내셨고 그렇게 저희 어머니와 이모는 목사님 가정에서 한 식구처럼 지내며 보은교회의 개척 멤버가 되었습니다. 이후 오목사님의 주선으로 어머니와 아버지의 만남이 이루어졌고 저희 부모님은 보은교회 개척 후 처음으로 결혼식을 올린 커플이 되었습니다. 그리고 제 형님의 이름은 교회에서 난 첫 아들이라 하여 '보은'이라 이름 지어졌습니다.

보은교회는 고신 교단에 속한 교회입니다. 고신은 일제시대 신사 참배를 거부한 분들이 해방 후 따로 세운 교단으로, 타 교단에 비해 훨씬 보수적인 신앙생활로 유명합니다. 제 어린 시절에는 더욱 그러해서 고신 정신에 관한 신앙 교육이 자주 이뤄지곤 하였습니다. 이때 고신 정신의 핵심은 바로 '주일 성수'였습니다. 주일은 오직 하나님만을 섬기는 날로서 예배와 상관없는 일체의 행위는 원칙적으로 금지됐습니다.

오락은 물론 TV 시청, 군것질, 심지어 짜장면이나 떡볶이 먹는 것까지 모두 금지된 것이었습니다. 한번은 예배를 마치고 친구와 인근 슈퍼마켓서 몰래 아이스크림을 사먹고 있는데 그 앞으로 교회 어른 몇 분이 지나가시는 것이었습니다. 깜짝 놀란 나머지, 먹다 남은 아이스크림을 내동댕이치고 부랴부랴 도망갔던 일도 있었습니다.

또 하나의 추억은 '서울 어린이 종합대회'라는 교회별 경합 행사였습니다. 제가 출전한 첫 종목은 성경 암송대회였는데 서울대회에서 입상해 전국 대회까지 나갔지만 곧바로 1회전 예선 탈락을 하고 말았습니다. 아무래도 암송은 내 스타일이 아닌 것 같아 다음 해엔 종목을 바꿔 성경 퀴즈 대회로 나갔습니다. 성경 퀴즈대회는 단체전이었는데, 우리 교회와 준결승전에서 만난 상대는 강서교회 팀이었습니다.

사회자가 말했습니다.

"네. 마지막 문제입니다. 사울 왕의 아버지의 이름은 무엇일까요?"

그 순간, 제가 부리나케 부저 버튼을 눌렀습니다. 사회자가 물었습니다.

"네, 보은교회 팀이 먼저 눌렀습니다. 정답은 무엇일까요?"

“가스!”

사회자가 물었습니다.

“네? 뭐라고요?”

“가스… 요. 가스.”

그 순간, 묘한 정적이 흘렀습니다. 사회자가 아쉬운 듯 말했습니다.

“아…! 가스….”

심사위원의 얼굴엔 난감한 표정이 역력했습니다. 그러나 잠시 후,

“음… 네. 맞은 것으로 하겠습니다. 정확한 정답은… 기스입니다~”

양측 교회의 희비가 엇갈린 순간이었습니다. 이렇게 반 어거지(?)로 출전한 전국대회였지만, 이런 어설픈 실력으론 어림도 없다는 사실을 이내 깨닫게 되었습니다. 우리가 전국대회에서 만난 첫 상대팀은 경상 도에 있는 교회팀이었는데 실력이 정말 대단했습니다.

사회자가 문제를 냈습니다.

"야곱의 아들들 가운데, '찬송'이란 의미를 가진….”

사회자가 문제를 다 읽기도 전에, 상대팀은 자신 있게 부저를 눌렀습니다.

"네, ○○ 교회 팀. 말씀하세요."

"유다!"(사투리 톤에다, 목소리도 엄청 우렁찼습니다)

"네, 정답입니다!"

이렇게 총 5개의 문제가 나오는 동안 상대팀은 문제가 채 다 나오기도 전에 모두 부저를 눌러 맞혀 버렸습니다. 이러한 상대의 기세에 눌려 우리 팀은 벨 한번 눌러 보지 못하고 1회전 탈락의 고배를 마셔야 했습니다. 또 다시 짐을 싸고 쓸쓸한 마음으로 서울로 올라왔습니다.

어느 날 문득 지난날의 추억을 돌이켜보니, 그 시절 어린이 대회에 참여했던 대부분의 친구들이 지금도 주 안에 복된 삶을 살고 있다는 걸 새삼 깨닫게 되었습니다. 어떤 이는 대학 병원의 정형외과 의사가

 맨땅 개척 미라클 챌린지

되었고, 어떤 이는 학교 선생님으로, 어떤 이는 목사와 사모님으로 지금도 삶의 자리에서 진실하게 하나님을 섬기고 있습니다. 솔직히 여러 가지 면에서 어설펐지만 그럼에도 어린 시절부터 주의 말씀 안에서 살고자 했던 이 '작은 자'들을 하나님께서 잊지 않으시고 이토록 선하게 이끄심을 보며 다시금 주님 은혜에 감사하는 마음을 가지게 되었습니다.

이처럼 수많은 추억과 정이 깃든 곳이 제 마음의 고향 서울보은교회입니다. 어린 시절부터 하나님 중심, 성경 중심, 교회 중심이라는 신앙의 토대를 잘 다질 수 있도록 인도해 주신 오성환 원로목사님과 손덕현 담임목사님께 깊은 감사를 드리며 서울보은교회 앞날에도 하나님의 크신 은총과 인도하심 함께 하시기를 진심으로 소망합니다.

Chapter 2

어머님은 짜장면이 싫다고 하셨어

[시 40:17]

나는 가난하고 궁핍하오나 주께서는 나를 생각하시오니 주는 나의 도움이시요 나를 건지시는 이시라 나의 하나님이여 지체하지 마소서

"어려서부터 우리 집은 가난했었고. 남들 다 하는 외식 몇 번 한 적이 없었고. 일터에 나가신 어머니 집에 없으면 언제나 혼자서 끓여 먹었던 라면.(중략)…. 어머님은 짜장면이 싫다고 하셨어. 어머님은 짜장면이 싫다고 하셨어."

학교 가는 버스 안에서 무심결에 들은 노래인데 듣다가 그만 왈칵 눈물이 났습니다. 노래 속 주인공과 제 어린 시절 모습이 참으로 많이 닮아 있었기 때문입니다.

아직 초등학교도 못 들어간 아주 어린 시절 무렵으로 기억합니다. 당

시 저희 식구는 홍제동 뒷골목의 어느 지하 단칸방에서 살았습니다. 입구 옆에 있는 스위치를 켜지 않으면 아무것도 보이지 않는 어두운 지하에서 저희 다섯 식구가 살았습니다. 어느 날 집에 그만 쌀이 떨어졌고, 하는 수 없이 근 한 달간 라면만 먹고 지냈습니다. 매끼마다 이어진 라면 식사에 철없던 저는 더는 안 먹겠다며 투정을 부리고 숟가락을 내팽개쳤습니다.

그러던 어느 날 아는 권사님께서 우리 집에 방문하셨습니다. 그것도 어깨에 쌀 한 자루를 메고서 말입니다. 놀란 어머니가 찾아오신 권사님에게 물었습니다.

"아니. 권사님. 어떻게 우리 집에 쌀이 떨어졌는지 아셨어요? 저는 아무한테도 말을 안 했는데…."

"오, 주여. 정말이네~ 문집사. 내가 집에서 기도를 하고 있는데 갑자기 하나님이 음성을 들려주셨지 뭐야. '딸아. 지금 보은이네 집에 쌀이 떨어졌다. 네가 쌀 좀 갖다줘라.' 이런 말씀을 주시는 거예요. 그래서 내가 주님 음성을 듣고 부랴부랴 쌀 한 포 메고 여기 왔지. 아니, 문집사. 대체 이게 어떻게 된 거야~"

제 어린 시절 우리 가족이 이렇게 가난의 굴레에 얽히게 된 연유를 두 개의 단어로 표현할 수 있습니다.

아버지, 그리고 도박.

전라남도 여수에서 출생하신 저희 아버지는 11살이라는 어린 나이에 부친을 여의셨습니다. 친할아버지께서 40대 이른 나이에 간경화로 일찍 생을 마감하신 까닭에, 장남이었던 아버지 역시 가난과 운명적으로 얽힐 수밖에 없었습니다. 갑작스레 남편을 여읜 친할머니는 생계를 위해 어쩔 수 없는 선택을 하셨습니다. 초등학생이었던 아버지의 학교 책을 모두 불태운 다음 학교를 못 가게 하신 것입니다. 그리고 돈을 벌어오라 요구하셨습니다. 저희 아버지의 집안 사연을 전해 들은 초등학교 담임선생님은 집에까지 찾아와 할머니를 설득했습니다.

"당신 아들 동철 군은 상당히 머리가 총명하기 때문에 반드시 공부를 시켜야 합니다."

거듭 학교 중퇴를 만류하셨지만, 할머니로서는 어쩔 수 없는 선택이었던 것 같습니다. 그로 인해 아버지는 초등학교 졸업장도 받지 못한 채 돈벌이에 나서야 했고, 결국 17세의 나이에 더 나은 벌이를 위해 고향을 등지고 서울로 상경하게 되었습니다. 막상 서울로 오긴 했으나 손에는 가진 것이 전혀 없었습니다. 배운 지식도 없고, 그렇다고 익힌 기술도 없으니 그저 먹여 주고 재워 주는 조건으로 동대문 시장에서 일을 시작하셨습니다.

정확히는 알 수 없지만, 시장에서 일하던 이 무렵부터 아버진 이미 노름을 시작하신 듯합니다. 어머니의 말씀에 의하면, 결혼 직후에도

맨땅 개척 미라클 챌린지

도박으로 인해 며칠씩 외박하는 일이 잦았고 세 아이들이 태어난 후에도 이 습관은 쉽게 고쳐지지 않았습니다. 하나님은 이런 아버지에게 직접적인 경고를 보내셨습니다. 프레스 작업장에서 일하시던 중 프레스 기계에 손가락이 눌려 새끼손가락이 절단되는 사고가 났습니다. 다행히 급히 병원에 입원해 손가락 봉합 수술을 받아 치료가 잘 되었습니다. 이 사건은 아버지에도 충분한 경고가 되었을 것임에도 안타깝게 얼마 지나지 않아 그 봉합 수술을 한 손으로 다시 화투장을 잡으셨습니다. 외박과 도박. 어린 시절 저에게 이것보다 더 진저리나는 단어는 없었습니다.

토요일 밤 9시, 이 시간은 정말 우리 집안에 정적이 흐르는 시간이었습니다. 일단 이 시간 전까지 아버지가 집에 들어와 계시면 우선 안심입니다. 그러나 밤 9시가 넘었는데 집에 안 오시면 그때부터 어머니의 이른 바 '분노의 전화'가 시작되었고, 도박판이 벌어지는 ○○복집을 향해 마르고 닳도록 전화를 하셨습니다 때론 인근 파출소에 신고도 했습니다. 그러나 당시만 해도 거긴 다 한통속이었습니다. 소위 '짜고 치는 고스톱' 판이었기에 별 소용이 없었습니다.

그렇게 아버지 없는 주일 아침에, 교회에 가는 건 그야말로 고역이었습니다.

"충은아. 느그 아버지 왜 교회에 안 나오셨노?"

만나는 교회 어른들에게 이런 질문 세례를 받을 게 뻔하기 때문입니다. 지방에 가셨다는 것도 한두 번이지, 둘러대는 것도 정말 지긋지긋했습니다. 그럼에도 어머니는 그 오랜 세월 동안 아버지를 감싸 주셨습니다. 속 썩이는 남편이라 해도, 집에선 바가지를 긁고 투정을 부릴망정, 밖에서는 다른 사람 입방아에 오르내리는 건 원치 않으셨던 것 같습니다. (우스갯소리로, 저는 만약 2만 원짜리 지폐가 발행된다면 그 인물 자리에 저희 어머니 사진을 넣어야 한다고 주장을 하곤 합니다 ^^)

그러던 어느 날, 제 형님의 논산 훈련소 입대를 며칠 앞둔 시점에 집안에서 사고가 터졌습니다. 보통의 경우 아버지의 외박 루틴은 대개 하루, 심하면 이틀 정도였습니다. 하루 이틀만 집에 안 들어오셔도 어머니는 굉장히 화를 내곤 하셨는데, 이번엔 무려 사흘이 넘도록 집에 안 들어오셨습니다. 결국 나흘째 오후 늦게 집에 들어오셨는데 집안 분위기가 여간 삭막한 게 아니었습니다. 보통 이런 때는 아버지 본인이 잘못한 게 있다 보니 아무리 어머니가 심하게 바가지를 긁어도 주로 참으셨습니다. 아니, 참을 수밖에 없으셨습니다. 그런데 그날따라 아버지도 기분이 많이 나쁘셨는지 아버지 역시 참지 않고 덩달아 화를 내셨습니다. (어쩌면 아버지가 돈을 많이 잃어서 그러실지도 모른다고 생각했습니다) 두 분의 말다툼 소리가 안방 밖까지 새어 나오는데 그야말로 저희 형제는 좌불안석이었습니다. 그렇게 한참 고성이 오가더니 갑자기 안방에서 무슨 물건 부딪치는 소리가 들렸습니다. 그리고 이어서 어머니의 갑작스런 울음소리가 들려왔습니다. 알고 보니 바가지 긁

 맨땅 개척 미라클 챌린지

는 소리를 참다못한 아버지가 007 가방을 집어던졌는데, 하필 그게 어머니 머리에 맞은 것이었습니다.

"아야~" 하는 소리와 함께 어머니의 울음소리가 들린 순간, 형님이 그만 평정심을 잃어버리고 말았습니다. 외마디 고함 소리와 함께 안방으로 박차고 들어가 맨 주먹으로 안방 유리문을 힘껏 내리쳤습니다. 펑~ 하는 유리창 깨지는 소리와 함께 파편이 튀는데, 형님은 피투성이가 된 손을 가지고 아픈 줄도 모르고 유리문을 계속 쳐 댔습니다. 놀란 어머니의 비명 소리와 형님의 울음소리가 뒤섞여 들려오는데, 안방엔 깨진 유리 파편과 흐른 피가 뒤엉켜 있었습니다. 이 모습을 보며 정말 여기가 사람 사는 데가 맞나 싶었습니다.

그런 사달이 난 후 집안에 웃픈(?) 일이 있었습니다. 난생 처음으로 가족사진이라는 것을 찍게 된 것이었습니다. 집안 분위기는 한마디로 엉망이었지만 그래도 장남인 형님의 군 입대를 기념해 가족사진이라도 찍어야 한다고 아버지가 우기시는 바람에 결국 억지로 가족사진을 찍었습니다.

사실 아버지는 여러 면에서 좋은 분이셨습니다. 밝은 성격에다 풍채도 좋으시고 자녀들에게도 자상한 분이셨습니다. 교회 분들 가운데 어려움 당한 분들이 있으면 직접 챙기실 줄도 아셨고 봉사와 선행도 자주 하셨습니다. 그래서 다들 아버지를 좋은 분으로 아셨습니다. 사실 아버진 정말 그랬습니다. 딱 한 가지만 빼고.

가족사진

때론 아버지 본인도 자신이 너무하다는 걸 아셨는지 다신 화투장에 손대지 않겠다고 어머니 앞에서 혈서도 쓰셨습니다. 그러나 안타깝게도 그런 결심이 오래 가지 못했습니다. 친할머니가 돌아가신 바로 다음 날, 아버진 다시 또 외박을 하고 말았습니다. 흔히 '도박쟁이는 손가락을 자르면 발가락으로 한다'는 말이 있는데, 그 말이 그렇게 절절하게 다가올 수 없었습니다.

'아버진 정말 평생 이렇게 살다 가시겠구나….'

결국 우리 가족 모두가 지쳐 포기하기에 이르렀습니다.

그렇게 살기를 20년. 어느덧 이런 가난과 불행조차 내 삶의 일부가 되어 버렸습니다.

맨땅 개척 미라클 챌린지

Chapter 3

고사리 손의 기도

[마 18:10]

삼가 이 작은 자 중의 하나도 업신여기지 말라 너희에게 말하노니
그들의 천사들이 하늘에서 하늘에 계신 내 아버지의 얼굴을 항상
뵈옵느니라

원치 않은 가난과 불행이 얽힌 어린 시절이었지만, 그럼에도 주님은
어릴 때부터 저와 함께해 주셨고 인생 곳곳에 숨은 은혜의 손길을 더하
셨습니다. 그 시절 특별히 주님께서 제게 베풀어 주신 은혜는 '반장 당
선'의 은혜였습니다. 저는 초등학교 시절부터 중학교, 고등학교에 이르
기까지 거의 반장으로 당선이 되었습니다. 특히 중·고등학교 시절엔
학생 전체를 대표하는 학생회장으로도 선출되었습니다. 여기엔 저만
의 숨겨진 사연이 있습니다.

초등학교 2학년 때 학급 임원 선거 날이었습니다. 어찌 된 일인지 투
표로 선출되어야 할 학급의 반장 자리는 이미 다른 아이로 내정되어 있

었고, 선생님은 이번엔 부반장만 선거로 뽑는다고 하셨습니다. 그 부반장 후보 명단에 저와 어떤 친구의 이름이 올라가 있었습니다. 아이들에게 투표 용지를 나눠주고 개표를 해본 결과, 제가 당선이 되었습니다. 그러차 선생님은 친구들에게 투표 용지를 다시 나눠주고 재투표를 하라고 하셨습니다. 두 번째도 제가 당선이 되었습니다. 그러자 또다시 재투표를 하라 하셨습니다. 그렇게 하기를 여섯 번… 이렇게 연이은 재투표에 지친 친구들 중 몇 명의 이탈자가 생기면서, 결국 제가 아닌 다른 친구가 부반장으로 뽑히게 되었습니다. 그런 여섯 번의 재투표가 있던 날, 저는 아무도 없는 집에 들어와 혼자 울었습니다.

'우리 집이 가난해서 그런가 보다….' 많이 서글펐고 또 억울했습니다. 저는 그날 생애 처음으로 다락방에 올라가 무릎을 꿇고 하나님 앞에 눈물로 기도를 드렸습니다. '하나님 아버지. 가난한 것도 서글픈데 많이 억울합니다. 주님, 제 기도를 들어주서서 다음에는 꼭 반장이 될 수 있도록 도와주세요.' 그해 여름 성경학교 때 선생님이 나눠주신 소원 종이쪽지에도 '내년에는 반장이 되게 해 주세요'라고 적어 내었습니다.

어린 고사리 손으로 한 기도였지만, 그 기도가 하늘에 닿았던 것 같습니다. 그렇게 기도를 드린 초등학교 3학년 때부터 주님은 저에게 줄곧 반장이 되는 은혜를 주셨습니다. 초등학교를 지나 중학교를 거쳐 고등학교 3학년까지, 저는 거의 반을 대표하는 반장으로 선출되었습

  맨땅 개척 미라클 챌린지

니다. 게다가 남들은 평생 한 번 하기도 어렵다는 전교 학생회장에 중학교와 고등학교에 걸쳐 두 번이나 선출되었습니다. 당시 저보다 공부 잘하는 학생들이 많았습니다. 집안 형편이 좋은 학생들은 더욱이 많았습니다. 그럼에도 불구하고 저는 나갔다 하면 반장이 되고, 회장으로 당선 되었습니다.

이런 아들을 둔 덕분에, 제 어머니 역시 덤으로 감투의 은혜(?)를 누리셨습니다. 학생회장 부모님께 주는 여러 종류의 감투들- 육성회 회장이니, 어머니회 회장이니 하는 류의 감투들을 참 많이 받아 쓰셨습니다. 학교에서 주최하는 각종 행사에 언제나 귀빈으로 참여하는 영예도 누리셨습니다. 아들 잘 둔 덕에 팔자에도 없는 횡재를 누린다며 웃으시던 어머니의 미소가 지금도 저의 뇌리에 남아 있습니다.

고등학교를 졸업한 지 20여 년이 흘렀는데, 얼마 전 동창 친구에게 전화가 왔습니다. 그 친구가 자기 이름을 말해 주었을 때, 미안하게도 저는 그 친구의 이름을 기억하지 못했습니다.

"충은아. 내 이름은 고○○이라고 해. 너는 아마 내 이름을 기억하지 못할 테지만, 넌 내게 잊을 수 없는 고마운 친구야. 오늘 너한테 꼭 해 줄 말이 있어서 전화를 했어. 아마 고등학교 1학년 때 같은데, 한번은 학급에서 싸움이 났고 내가 몇몇 애들한테 둘러싸여 얻어맞게 됐지. 그런데 다른 애들은 나 몰라라 가만히 있었는데, 반장인 네가 자리에서 벌떡 일어나 그 애들을 말려 줬어. '아무리 화가 나더라도 친구들끼리 서로 때리는 건 안 되는 거라'며 네가 직접 막아 주는 바람에 둘러싸인 애들에게 맞지 않고 무사히 넘어가게 됐었지.”

이어서 친구가 이렇게 말했습니다.

“그런데 충은아. 이렇게 너한테 도움을 받았으면 당연히 고맙다는 말을 했어야 했는데, 내가 그때 무슨 자존심 때문인지 너한테 고맙다는 말을 못 했다. 근데 그 미안한 마음이 되게 오래 남더라. 그래서 언젠가는 '너 만나면 꼭 고맙다는 말을 해야겠다' 생각하고 있었는데, 마침 동창 애들을 만나 너의 연락처를 알게 됐어. 오늘에서야 통화를 하게 됐네. 충은아. 그때 날 도와줘서 정말 고마웠다.

근데. 야, 너 지금 목사님이 됐다며? 내가 지금 남아공에서 근무하는데, 나중에 돌아와서 기회 되면 네가 목회하는 교회에 꼭 한번 찾아갈게. 그때 얼굴 보자.” 사실 저로선 워낙 오래 전 일이라 기억 속에서 모두 잊었는데, 그래도 친구의 고백을 들으니 그때 제법 반장 노릇을 잘했구나 하는 생각이 들었습니다.

회심의 은혜를 체험한 2001년의 어느 봄날, 이번엔 제 발걸음이 대학교 총학생회실로 향했습니다. 반장이나 학생회장보다 더 높은 자리를 향해 올라가는, 그런 마음을 품고서 말입니다. 그런데 그 마음을 품고 잠든 새벽녘에 상당히 징조가 있는 꿈을 꾸었습니다. 꿈속에서 문득 학교 내 큰 벽화가 그려진 건물이 보이더니, 그 건물 전체를 감싸고 또아리를 튼 거대한 뱀이 보였습니다. 그리고 그 뱀은 하늘을 향해 입

     맨땅 개척 미라클 챌린지

을 벌리고 혀를 날름거리고 있었습니다. 저는 그 모습에 깜짝 놀라 잠에서 깨었습니다.

'이제 이 길은 더 이상 너의 길이 아니니라.'
마음 깊은 곳에서 주의 뜻이 깨달아졌습니다. 그리고 기꺼이 주님의 뜻에 순종했습니다. '그때 만약, 주께서 내 걸음을 막지 않으셨더라면 난 지금쯤 어디에 있을까?' 지금도 저희 학교 동창 출신들이 정치권에서 상당한 활약을 하는 모습을 보면서 혹시 어쩌면 나도 그 자리에 있지 않았을까 하는 즐거운(?) 상상을 해 보곤 합니다.

그러나 언제나 그렇듯 주님의 은혜가 내게 족합니다. 이뿐 아니라 나의 기도하는 것보다 더욱 응답하실 하나님께 감사와 큰 소망을 품고 살고 있습니다. 지난 날 저의 삶을 인도하신 에벤에셀의 하나님께서, 장래에도 선하고 더 아름다운 곳으로 인도하실 것을 믿으며 오늘도 주님 안에서 힘찬 전진을 다짐합니다. 할렐루야!

[렘 10:23]
여호와여 내가 알거니와 사람의 길이 자신에게 있지 아니하니 걸음을 지도함이 걷는 자에게 있지 아니하니이다

Chapter 4

술 권하는 사회

술이란 마시는 것

슬퍼서 마시고 기뻐서 마시고

바람 부는 대로 구름 가는 대로 마시는 것

오늘밤엔 친구와 마셔야지

그리운 친구여 오랜만일세

- 작자 미상 -

고등학교 수학여행에서 어느 짓궂은 선생님의 장난기가 발동했습니다. 우리 반 학생 숙소에 들어오시더니, 슬쩍 종이 팩 두어 개를 놓고 가셨습니다. 알고 보니 소주가 담긴 종이 팩이었습니다. 앞쪽에 있는 친구 녀석들이 호기심에 자신 있게 먼저 한 모금 마시더니 옆으로 팩을 넘겼습니다. 몇몇 친구들을 지나 소주 팩이 제 앞에 도착했습니다. 순간 저 역시 호기심이 생겨 한 모금 정도 마셔 볼까 했습니다. 그러다 문득 '난 교회 다니는 사람인데…' 생각하고 억지로 참고 옆으로 넘겼습니다. 우스운 건 그날 그 '한 모금'에 동참한 녀석들 대부분이 새빨개진 얼굴 탓에 모두 검거됐다는 사실입니다. 교관이 그 녀석들 모두를 엎드려뻗쳐를 시키고 엉덩이에 호되게 몽둥이찜질을 하면서 계속해서 추궁했습니다.

"야, 이 쌔꺄~ 누가 이 술을 반입했어? 말해~!"

"…."

열받은 교관의 계속된 추궁과 거듭된 몽둥이찜질에도 불구하고 애들은 끝내 그 출처를 불지 않는, 나름의 의리(?)를 지켰습니다.

그 시절엔 저의 신앙심을 흔드는 일들이 자주 일어났습니다. 특히 제가 다닌 학교는 남학교라 그런지 짓궂은 선생님들이 많았습니다. 어느 선생님의 경우 수업시간에 대놓고 '낮에는 윤리, 밤에는 윤락'이라며 본인 경험담을 늘어놓는 경우도 있었습니다. 더구나 학급 친구들 가운데 일부는 벌써부터 유흥가를 전전하며 문란한 성인 수준으로 사는 애들도 있었습니다. 걔들은 이른 아침부터 교실 뒷자리에 호기심 많은 친구들을 모아 놓고 자기 몸으로 성교육을 실시하곤 했습니다. 이런 저런 모양의 세상 유혹들을 접하면서, 아마 이 무렵부터 신앙에 대한 의심과 회의감이 싹텄던 것 같습니다. 그래도 지금까진 나름 신앙생활을 잘해 온 줄로 알았는데, 이 무렵 하나님을 향한 믿음은 점점 옅어지는 반면 세상을 향한 마음은 날로 커져만 가게 되었습니다.

그러던 어느 날, 가뜩이나 사그라든 믿음에 찬물을 끼얹는 사건이 발생했습니다. 고등학교 2학년 반장이자 학년장이었던 저는 학교 축제 준비의 총 책임을 맡고 있었습니다. 모든 준비를 마친 축제 하루 전, 학교 임원진과 함께 선생님들을 모시고 전야제 행사 자리를 마련했습니다. 그런데 일이 안 되려 했는지 상황이 꼬였습니다. 기왕이면 맛있는 고기를 드리고 싶어 숯불 화로를 준비했는데 그게 화근이 되었습니다. 그날따라 바람이 너무 강하게 불어온 탓에 숯에 불이 잘 붙지 않는 것이었습니다. 보통 5분 안에 다 구워지는 고기가 20분이 지나도 익지 않았습니다.

'큰일이구나. 그냥 버너로 할걸…' 뒤늦은 후회를 했지만 소용이 없었습니다. 여러 친구들이 달라붙어 구웠지만, 여전히 고기는 잘 익지 않았습니다. 그런 상황을 바라보며 전 그저 발만 동동 굴렀습니다. 그런데 이때 인내심이 부족한 후배들이 그만 일을 저지르고 말았습니다. 당연히 선생님들 먼저 드리고 자기들은 나중에 먹어야 했는데, 익는 시간을 견디지 못하고 슬쩍 고기 몇 점을 집어 먹었던 모양입니다. 그런데 그 장면이 하필 모 선생님의 눈에 바로 포착되었습니다. 갑자기 성큼성큼 그 애들 쪽으로 가더니 급기야 고기 굽는 숯불판을 발로 걷어차 버렸습니다. 픽~ 하는 소리와 함께 불판은 나뒹굴었고, 숯불들은 이리저리 날아 흩어졌습니다. 갑작스레 날아든 숯불 탓에 어떤 애는 교복에 구멍이 났고, 일부는 숯불에 몸이 데인 아이들도 있었습니다. 그런데도 성난 황소 같은 선생님의 분노는 가라앉지 않았습니다. 먹다 걸린 불판 주위에 앉아 있던 애들 모두 불러다가 운동장에 머리를 박게

    맨땅 개척 미라클 챌린지

한 후, 구둣발로 등짝을 찍고 걷어찼습니다. 그렇게 했는데도 분이 안 풀렸는지 다음은 제 차례가 되었습니다. 학생 대표라는 이유로 저를 앞으로 불러 세우더니 그 자리에서 뺨을 20대 이상 때렸습니다. 간신히 다른 선생님의 만류에 의해 그분의 행동은 제지되었지만, 흥분을 이기지 못한 채 끌려가듯 나갔습니다.

그 후에 주변을 보니 여러 장면들이 눈에 들어왔습니다. '대체 이게 뭐냐?'며 고개를 갸웃거리며 돌아가는 선생님들, 헝클어진 머리에 흙먼지를 털어내는 후배들, 구멍 난 교복을 비벼 대는 친구들이 눈에 들어왔습니다. 아직 타다 남은 불씨가 있는 숯을 주워 담으며 뒷정리를 하던 도중, 저는 그만 그 자리에 서서 엉엉 울고 말았습니다. 한참 울고 난 후 쓸쓸히 뒷정리를 하는데 어떤 선생님이 다가와 저를 따로 불러냈습니다. 그다음 제게 소주 한 잔을 건네주었습니다. 잠시 주저했지만, 억울함을 못 이긴 저는 그분이 따라 준 술잔을 받아 마셨습니다. 그렇게 받아든 한 잔의 술은 그간 닫혔던 '술의 문'을 여는 마중물이 되었습니다. 이때가 바로 그간 억지로 잡고 버텨 왔던 신앙의 남은 한 자락의 끈마저 놔 버린 순간이었습니다. 만약 제가 성숙된 신앙인이었다면 이런 억울한 일을 당했을지라도 하나님 앞에 엎드렸을 텐데, 미숙한 신앙 탓에 마음을 지키지 못하고 세상을 향한 문을 활짝 열어 주고 말았습니다. 생각해 보면 이때, 제 나이보다 제 신앙은 더욱 어렸던 것 같습니다.

축제가 끝난 마지막 날 난생 처음으로 술자리란 곳에 참여했습니다.

학교 선·후배들과 함께 인근 호프집에서 뒤풀이 시간을 가졌습니다. 본격적으로 술을 마시기 시작하는데, 마치 정신이 공중으로 붕 떠오르는 기분이 들었습니다. 들뜬 기분 탓에 무슨 말을 하는 것인지 필터 없이 그냥 헛소리를 지껄여 댔습니다. 얼마나 마셨는지 정확한 기억은 없지만 이것 하나는 분명한 것 같습니다. 그날 밤 저는 제 자신을 술독에 그대로 담궈 버렸습니다. 밤늦은 시각 택시를 타고 집으로 오는데, 뒷좌석에 앉아 라디오에서 나오는 가요를 큰 소리로 따라 불렀습니다.

"잠시 날 잊어~ 힘들지 않게 너 슬퍼해도 흔들려도 안아 줄 수 없으니~"

술기운이 부끄럼과 염치를 넘어서 버렸습니다. (그때 절 태워 주신 택시기사님, 그땐 정말 죄송했습니다)

이후 어느 날 대학 간 친구를 만나러 지방에 내려갔던 적이 있습니다. 그날 저녁 혼자 맥주 3000cc 정도를 마시고 친구 자취방에 들러 잠을 자는데 새벽에 갑자기 속이 울렁거렸습니다. 속에서 뭔가 올라오는 것 같아, 급히 입을 틀어막고 화장실로 달려갔지만 아뿔싸! 한발 늦고야 말았습니다. 가던 도중에 그만 뱃속에서 올라온 오만 것들을 바닥에 모두 쏟아 버리고 말았습니다. 이 대략 난감한 상황 속에 주변을 살펴보니 방 빗자루가 보였습니다. 일단 그 방비를 가지고 내뱉은 오물

  맨땅 개척 미라클 챌린지

을 죄다 쓸어 담았습니다. 최대한 열심히 뒤처리를 하고 난 다음, 날이 밝기 전에 슬쩍 친구 자취방에서 빠져나왔습니다. 그날 저녁 제 친구 녀석은 룸메이트 형에게 추궁을 당했다고 합니다.

"야! 대체 방 빗자루에 왜 이런 음식 쪼가리들이 붙어 있는 거야, 아 이 냄새~ 야 너! 뭐 좀 아는 거 없어?"

옛날 아일랜드 속담 가운데 '마귀가 시간이 없을 때는, 대신 술을 보낸다'는 말이 있다는데 저에게 딱 들어맞는 속담이었습니다. 부끄러움을 모르는 몰염치, 그리고 지저분함. 이것이 제가 '술'이라는 친구와 사귀는 동안 그로부터 받은 선물들이었습니다. 하나님은 주의 자녀들을 아끼셔서 말씀을 통해 '술 취하지 말라. 이는 방탕한 것이니 성령의 충만함을 받으라(엡5:18)' 권면하셨지만 저는 외면했습니다. 그 대신 세상의 소리를 따랐습니다. 처음 소주를 목구멍으로 넘길 때 느꼈던 그 진저리치도록 쓴 맛은 어느새 알딸딸하면서도 단맛으로 변해 있었습니다. 그렇게 술로 채우고 또 채웠지만 정작 내게 채워지는 건 아무 것도 없었습니다. 언제나 허무한 삶의 연속이었습니다. 그렇게 아무런 의미 없이 주일 예배를 마치고 온 어느 저녁 날, 또래 친구들과 함께 인근 호프집에 모여 술잔을 따르며 그날도 저는 넋두리를 늘어놓았습니다. 마치 현진건 소설 속 그 주정뱅이 주인공이나 된 양 말입니다.

"얌마, 니들 그거 아냐? 이 세상은 말야, 술 권하는 사회야~"

Chapter 5

도를 아십니까?

[시 40:2]

나를 기가 막힐 웅덩이와 수렁에서 끌어올리시고 내 발을 반석 위
에 두사 내 걸음을 견고하게 하셨도다

서대문 종로 학원에서 재수 공부를 할 무렵, 수업을 마치고 집으로
가던 때였습니다. 불현듯 제 앞에 키가 작고 얼굴이 거무스름한 40대
여자 분이 다가와 말을 건네 왔습니다.

"저기요, 본인은 굉장히 복이 많은 분이세요." 여느 때 같으면 이런
시답지 않은 말은 무시하고 지나갔을 텐데, 그 여인이 던진 말에 이끌
려 길거리에 서서 그 여자 분과 대화를 나눴습니다.

"실례지만, 혹시 이름이 뭔지 알 수 있을까요?"
"네. 서충은입니다."
"네. 서충은 씨는, 음… 착한 심성을 가진 사람이네요. 그리고… 서
충은 씨는 고독을 좋아하시는군요. 그리고요… 충은 씨는요. 겉으로

는 되게 밝고 태연한 척하지만 사실 속은 아니에요. 속은 굉장히 예민한 사람이에요. 그런데… 충은 씨 가정에는요. 재마(財魔)가 끼어 있어요. 부모님이 제법 돈을 잘 버는데, 그 돈이 새고 있어요. 이건 왜 그러냐. 조상들의 업보로 집안이 막혀 있어서 그래요. 그래서 이걸 좀 풀어내야 해요."

일면식도 없는 여자였는데, 분명 나에 관해 잘 아는 듯했습니다. 물론 '조상의 업보' 같은 말은 생경했지만 그 외에 이 여자 분이 저에 관해 한 말은 거의 다 맞는 말이었습니다. 마치 나를 스캔하듯 알고 있는 이 여자 분에게 저는 적잖이 놀랐습니다.

"아니, 어떻게 저에 대해 다 아세요?"
"궁금하시면, 저를 좀 따라와 보실래요? 같이 가실 데가 있어요."
이 신기한 여인에게 이끌려 무작정 그를 따라갔습니다. 그 여인을 따라 간 곳은 서울 연신내에 있는 어느 주택가의 2층짜리 건물이었습니다. 들어가 보니 여러 사람들이 오갔지만 내부는 상당히 조용하고 엄숙한 분위기였습니다. 벽 한편엔 '언덕을 가지라' 같은 교훈이 적힌 액자도 보였습니다. 그렇게 건물 안으로 들어간 첫날, 일종의 입단식이 진행되었습니다. 우선 제게 하얀 도복 같은 옷을 입히더니 촛불이 켜져 있는 방 안으로 절 데려갔습니다. 어두운 방에는 촛불만 켜져 있었고 그 앞에는 제사상 같은 상이 차려있었습니다. 집례하시는 분이 구령을 외쳤습니다.

"좌로 일보!"

"우로 이보!"

"배~"

손에 합장을 한 채, 구령에 맞춰 좌우로 움직이다 제사상에 절을 했습니다. 그렇게 입단식이 끝나고 난 다음 저를 곧장 어떤 여자 분에게 인계해 주었습니다. 마치 미리 준비라도 한 듯 그 여자 분은 저를 만나자마자 뜬금없이 숫자 이야기부터 꺼냈습니다.

"지금부터 제가 어떤 숫자들을 부를 텐데, 그 부르는 숫자를 듣고 그중 마음에 드는 거 하나를 고르시면 됩니다. 자, 이제 시작할게요."

"10, 15, 20, 30, 45, 60, 90, 108.

(세월이 지난 탓에 완전히 정확한 숫자는 아닙니다)

이 중에 어떤 숫자가 마음에 드세요?"

저는 잠시 망설이다, 엉겁결에 대답했습니다.

"45…."

"아, 45요? 네. 그럼 이 45만 원이 서충은 외수가 낼 치성금이에요."

"…. 네? 치성금이요? 치성금이 뭐죠?"

"아, 네. 치성금은 일종의 단체 가입비 같은 것이에요. 서충은 님은 이제부터 우리 단체의 회원이 되었기 때문에 '외수'로 불려요. 서충은 외수. 아셨죠? 그리고, 치성금 45만 원은 앞으로 준비되는 대로 천천히 가져오시면 됩니다."

사실, 45만 원이라는 돈은 작은 돈이 아닙니다. 더구나 이곳은 난생처음 와 본 곳입니다. 어떤 단체인지 이름조차 모르는 곳인데 오자마자 이런 금액의 돈을 낸다는 건 말이 되지 않습니다. 그렇다면 이렇게 부당한 요청을 들었을 때 단호히 거절하고 그냥 밖으로 나왔어야 옳았습니다. 그런데 당시에 저는 뭔가 홀린 상태였음이 분명한 것 같습니다. 마치 '눈 뜨고 코 베어 가는' 이 희한한 돈 뜯기 수법을 이상히 여기지 않고, 그냥 내야 할 것 같은 생각이 들어 별다른 거부감 없이 돈을 모아서 냈습니다. 엄마한테서 빌린 돈 15만 원과 과외 수업을 해서 번 돈 30만 원을 합쳐서 말입니다. (그런 식으로 이곳에서 108만 원까지 뜯긴 사람도 봤습니다)

이렇게 치성금을 갖다 내고 며칠 지나서야 한 가지 의문이 떠올랐습니다. 분명 나는 단체에 가입이 됐고 '외수'라는 호칭으로 불리는데, 정작 이 단체 이름을 몰랐습니다. 연신내 건물 앞엔 단체명을 알리는 어떤 간판도 있지 않았습니다. 그래서 거기 있는 분에게 여기 단체 이름을 좀 알려 달라고 물었습니다. 그러자 어떤 남자분이 이렇게 소개했습니다.

"사람들이 부르는 바로는… 우리를 '대순진리회'라 부릅니다."(나중

알고 보니, 이곳 대순진리회는 워낙 문제가 많은 단체라 건물 밖에다 종교단체 간판조차 달지 못하는 실정이라고 합니다)

'대순진리회?' 참 특이한 이름을 가진 단체라는 생각은 했습니다. 어 쨌거나 엉겁결에 전 대순진리회 외수 회원이 되고 말았습니다. 물론 이때도 교회는 다녔습니다. 어릴 때부터 다녔던 곳이라 습관적으로 교 회는 나갔습니다. 그러나 마음은 오히려 대순진리회 쪽에 더 있었습니 다. 왜냐면 당시 하나님은 나에게 '불러도 대답 없는 이름'이었기 때문 입니다. 이렇게 하나님이 있는 둥 마는 둥 한, 무미건조한 교회보단 차 라리 신기한 일이라도 생기는 대순진리회가 더 낫다는 생각을 하며 지 냈던 것 같습니다.

대순진리회에서 첫 느낌은 그야말로 놀라움의 연속이었습니다. 이 곳에 속한 대부분의 사람들은 보통 사람에게는 없는 일종의 '인지 능력' 이 있었습니다. 전에 서대문 종로 학원 앞에서 만난 여인이 그러하듯, 회원 대부분은 처음 본 사람이라 해도 그가 어떠한 사람인지 금방 읽어 낼 수 있는 능력이 있었습니다. 마치 내면을 직접 들여다보는 듯이 말 입니다. 어떤 대순진리회 선생의 경우, 말하지도 않은 제 몸의 아픈 부 위를 정확하게 짚어 내기도 했습니다. 또 다른 분의 경우에는 우리 집 안 윗분에게 얽힌 가정사 같은 것도 맞추기도 했습니다. 어느 날은 제 친구와 함께 만난 적이 있는데, 그 선생들은 그간 제 친구도 몰랐던 사 실- 친구 어머니가 예전 몇 명의 자녀를 지운 사실까지 들추어내는 것도 보았습니다. 영적 세계에 대해 무지했던 저는 이들에게 일종의 경외감을 느꼈습니다. 그래서 그들이 이끄는 대로 계속 따라갔습니다.

얼마 후 이들은 저에게 대순진리회 종교 단체에서 하는 기도에 관해 가르쳐 주었습니다. 이 종교에는 '태을주'라는 명칭의 기도가 있었는데, 이 종교 단체의 교주 격 인물인 강일순(호: 증산)이 만든 기도라고 소개했습니다. 그런데 교회에서 해 온 기도와는 달리 여기 태을주는 한자 기도문이었는데, 한자로 된 기도문을 계속적으로 반복해서 외우는 주문 형식의 기도였습니다. 그들은 태을주에 대해 이렇게 설명했습니다.

"서충은 외수. 이 태을주 기도는 아주 중요해요. 왜냐면 본인과 집안 그리고 집안의 조상들에게 여러 가지 업보가 얽혀 있는데, 그 업보 때문에 집안이 막히고 뭔가 안 되는 거거든요. 근데 이 업보를 벗겨내는 기도가 바로 태을주예요. 그래서 이 기도를 열심히 하서야 가문도 새로워지고 본인 앞날이 좋아질 수 있어요."

꿩 잡는 게 매라고. 영적 세계에 완전히 무지했던 저는, 나와 우리 집안의 나쁜 걸 벗겨 준다는 이 말에 속아 태을주 기도에 동참했습니다. 다만 이때는 제가 재수 공부를 하는 수험생 신분이라 몇 번 정도 작은 방에서 하는 수련 기도에 참여를 했을 뿐이었습니다.

지나고 보니 이것이 얼마나 아찔하고 위험천만한 행동이었는지요…. 옛 속담에 '무지가 죄'라는 말이 있으며, 성경에도 '하나님의 백성이 지식이 없어서 망한다(호4:6)'고 했습니다. 이 경고가 모두 저에게 해당된 말씀이었습니다. 나중에 깨닫게 된 사실이지만 태을주가 뭐냐, 바로 기도를 빙자한 사탄이 덫이요 함정이었습니다. 태을주란 한마디로 말해 **귀신을 부르는 주문**이었습니다. 이 기도를 하면 할수록 귀신은 그 사람의 영혼 깊숙이 침투해 들어옵니다. 그리고 어느 순간 귀신은 그 영혼을 완전히 점령해 버립니다. 그 후론 영혼에 들어온 귀신이 그 사람에게 인지 능력을 주어, 처음 본 사람이라도 그가 어떤 과거를 지녔는지 읽어 내는 능력을 가지게 되는 것이었습니다. 저를 놀라게 했던 대순진리회 사람들의 인지력의 정체는 바로, 그들 영혼 속에 숨은 귀신의 활동이었다는 사실을 나중에야 비로소 깨닫게 되었습니다.

언젠가 유난히 달 밝은 어느 날 밤, 대순진리회 회원들과 잠시 건물 밖으로 나와 바람을 쐬었던 적이 있었습니다. 그런데 제 앞에 마주하고 있는 대순진리회 여성들의 눈을 보니, 달빛에 비친 그들의 눈동자가 모두 고양이 눈동자로 바뀌어 있었습니다! 속으로 깜짝 놀랐습니다. 분명히 사람 눈이 아닌 고양이 눈을 하고 있는 그들을 보며, 그땐 이들의 정체를 이해하지 못했습니다. 나중에야 알았습니다. 그 현상이란 바로, 귀신에게 영혼을 점령당한 자들에게서 나타난 특유의 눈빛이었음을.

돌이켜보니 저를 건져 내신 주님의 타이밍도 정말 기가 막힌 은혜라

맨땅 개척 미라클 챌린지

는 사실을 알게 되었습니다. 대순진리회로 저를 인도한 여선생들의 거듭된 요청 때문에 전 2001년 3월 말경 여주 수련장에 있는 태을주 합동수련회에 참석할 예정이었습니다. 그 장소가 바로 태을주 주문수련으로 귀신을 받는 장소였습니다. 그런데 합동수련회 참석 바로 며칠 전, 기가 막힌 하나님의 간섭으로 2001년 3월 9일 하나님의 성령을 받아 주님의 사람으로 변화되었던 것이었습니다. 만약 그때 주님의 간섭하심이 없었더라면… 어쩌면 저는 신내림을 받은 박수무당이 되었을지도 모릅니다. 생각만 해도 아찔해 고개가 절레절레 흔들어집니다.

한 가지 흥미로운 건, 성령 체험을 한 저의 회심을 제일 먼저 알아맞힌 사람들도 바로 이 대순진리회 사람이라는 사실입니다. 생애 첫 성령 충만을 체험한지 한 사흘 정도 지난 시점에, 대순진리회 높은 계급 '선도' 선생의 전화가 왔습니다. 식사를 좀 하자고 해서 저는 의도적으로 거기에 응했습니다. '드디어 올 것이 왔구나.' 생각을 하고 홍제동의 어떤 식당에서 같이 밥을 먹었습니다. 그런데 식사 중에 그 선생은 계속 고개를 갸웃갸웃하는 것이었습니다. 난 모른 척하고 말을 걸었습니다.

"선도 선생님, 무슨 일 있으세요?"
"서충은 외수… 뭔가, 기의 흐름이 달라졌어요."

속으로 '야~ 역시 이놈들, 확실히 뭔가 있긴 있는 놈들이구나…' 생각을 했습니다. 그 말에 저는 그 사람 눈을 정면으로 바라보고 씩 웃으며 한마디 건넸습니다.

"네, 선생님. 저, 성령받았습니다!"
"…. 네?"

마치 먹던 숟가락이라도 떨어뜨릴 듯 놀란 선생의 표정을 잊을 수 없습니다. 그 후론 그렇게 자주 오던 전화가 단 한 번도 오지 않았습니다.

짧다면 짧은 8개월 정도 기간이었지만, 결과적으로 전 의도치 않게 '악령의 세계'에 관한 짧은 수업을 받고 온 셈이 되었습니다. 이 경험을 통해 주님 나라의 대척점에 서 있는 자들의 활발한 영적 활동을 아주 가까운 데서 관찰해 볼 수 있었습니다. 아마 한 번쯤 길거리에서 '도를 아십니까?'라는 질문을 받아 보셨을 것입니다. 이들이 바로 대순진리회 회원들입니다(또는 증산도). 그런데 상대방에게 가볍게 말을 붙이며 접근하는 포교 방식의 이면에는 상당한 영적 작용이 있습니다. 실상 이들은 사람의 영혼을 노리는 '영혼의 사냥꾼'들입니다. 뭔가에 눌리거나 고민이 많아 보이는 자들에게 접근해 숨겨진 문제를 드러내는(맞히는) 방식으로 사람을 믿게 만드는데 이것이 바로 그들의 미끼입니다. 그 배후에는 악한 영이 있습니다. 이들은 악령이 주는 능력을 받아 수많은 연약한 영혼들을 미혹시키고, 그들을 귀신의 세계로 이끌어들이는 일

맨땅 개척 미라클 챌린지

종의 귀신 전도자들입니다. 이름만 진리일 뿐, 실상은 불법에 속한 자들이며 하나님 주신 생명을 도적질하는 영혼의 도둑들입니다.

그러나 한 가지, 이들에게서 본받을 점이 있습니다. 바로 그들의 **열심**입니다. 저들이 얼마나 열심을 다해 태을주 기도 수행을 하는지, 그리고 얼마나 열심히 그리고 끈질기게 전도를 하는지 저는 가까이에서 지켜봤습니다. 오늘날 수많은 교회들과 성도들이 왜 영적 전투에서 승리하지 못하는지, 이들의 기도 훈련의 자세를 보며 우리 스스로 진지하게 돌아봐야 한다고 생각합니다.

이처럼 대순진리회라는 기가 막힌 수렁에서 건져 내어 은혜의 반석 위에 세우신 주님께 무한한 감사를 올려드리며, 이 땅에서 대순진리회와 무속 같은 불법한 악령의 세력들이 완전히 사라지는 그날까지, 십자가 보혈로 단단히 맞서 싸워 나갈 것을 다시 한번 주님 앞에 다짐합니다.

제2부

◆

소명, 그리고 사역을 위한 빌드업

Chapter 6

신앙의 어머니 김광자 전도사

[행 2:1-4]

1 오순절 날이 이미 이르매 그들이 다같이 한 곳에 모였더니

2 홀연히 하늘로부터 급하고 강한 바람 같은 소리가 있어 그들이 앉은 온 집에 가득하며

3 마치 불의 혀처럼 갈라지는 것들이 그들에게 보여 각 사람 위에 하나씩 임하여 있더니

4 그들이 다 성령의 충만함을 받고 성령이 말하게 하심을 따라 다른 언어들로 말하기를 시작하니라

2001년 3월 대학에 입학할 무렵, 저의 양손에는 주로 두 가지 물건이 들려 있었습니다. 한 손엔 철학 책이었고, 다른 한 손에는 캔 맥주였습니다. 사실 술을 어지간히 좋아하는 사람도 웬만해선 통학 버스 안에서까지 마시지는 않습니다. 그런데도 그 시절 무슨 깡다구가 있었는지, 학교 수업을 마치고 돌아올 때면 버스 맨 뒷자리에 앉아 창문을 열고 맥주를 마시며 니체의 책《짜라투스트라는 이렇게 말했다》를 읽곤

했습니다. 지금으로 봐선 완전 정신 나간 짓인데, 그땐 그걸 낭만으로 여겼던 것 같습니다.

이렇게 한창 방황기를 보내는 중 저보다 먼저 주의 은혜를 경험한 교회 형들이 있었습니다. 이 형들 역시 한때는 신앙생활에 어려움을 겪은 걸로 알고 있었는데 어찌된 일인지 어느 날부터 사람들이 몰라보게 달라져 있었습니다. 늘 얼굴이 울상이었던 '인상파' 형님은 놀랄 정도로 얼굴이 해맑아져 있었고, 대학에서 받은 테니스 우승 트로피를 본인 담배 재떨이로 쓰던 소위 '낭만파' 형님 역시 어느새 새 사람이 되어 어느 날부턴가 전도 활동까지 하고 있었습니다.

이때부터 교회 청년부는 새롭게 변화된 두 형님들을 중심으로 개편이 되었습니다. 예전 같으면 오전 예배가 끝남과 동시에 여기저기 흩어졌던 청년들이, 오후 예배가 끝났는데도 집에 가지 않고 모임을 갖는 것이었습니다. 먼발치에서 보니 서로 동그랗게 모여 손을 잡고서 무슨 알 수 없는 이상한 소리를 내면서(나중에 알고 보니 방언기도였습니다) 기도를 하는 것이었습니다. 이 사람들이 혹시 제게도 말을 걸어 올까봐 최대한 그들과 마주치지 않으려고 이리저리 피해 다니곤 했습니다.

그런데 얼마 있지 않아 예상대로, 이 두 분 형님들이 제게 불쑥 찾아와 말을 건네왔습니다(지금은 이 두 분의 형들 모두 신실한 목사님이 되어 있습니다).

"충은아, 지금 니 눈을 보니 완전 퀭~ 한 게, 정말 이대로 살아선 안 될 거 같다, 진짜."

다른 형님도 옆에서 거들며 말했습니다.

"충은아. 형 믿지? 형 믿고 딱 한 군데만 가 보자. 정말이야. 어디 가 볼 데가 있어."

"어딜 가는데요?"

"그건 묻지 마. 묻지 말고, 좋은 데니까 그냥 형들이랑, 딱 한 번만. 눈 한 번 찍 감고 같이 가자."

"싫어요. 안 가. 그렇게 좋은 데 있으면, 그냥 형들이나 가슈~"

안 간다고 계속 버텼지만 그 형님들 역시 지치지 않고 설득했습니다. 저는 결국 두 달 넘도록 지속된 그 형님들의 이른 바 '한 번만' 전략에 넘어가고 말았습니다. 대체 어딘지도 모르는 곳이지만 그렇게도 좋은 데라니, 하는 수 없이 그 형님들을 따라가 보기로 했습니다.

2001년 3월 9일 밤 9시경. 대학교 신입생 환영회를 뒤로한 채 형님들 손에 이끌려 고양시 덕양구 덕은동(화전)에 있는 한 가정집을 방문을 하게 되었습니다. 기도 모임이 있는 방 안으로 들어가 보니 빨간색 안경을 쓴 다소 날카로운 인상의 50대 후반의 여자 분이 앉아 계셨습니다. 형들에게 소개받기론 성령의 은사를 많이 받으신 전도사님이라 했

　　　　　　　　　　　　　맨땅 개척 미라클 챌린지

습니다. 그분은 절 보자마자 잠시 묵상 기도를 하시더니 저에게 첫 마디를 건네셨습니다.

"하나님께서 지금 여기에 '세상 좋아하는 친구'가 오셨다고 하십니다. 청년, 이름이 뭐예요?"

"서충은입니다."

"네. 충은 씨. 하나님께서 지금 충은 씨의 영이 많이 위태롭다고 하십니다. 그러니 오늘 밤이 바로 하나님이 주신 기회입니다. 이렇게 기회 주신 때에 빨리 회개하고 성령을 받으세요. 성령은 곧 하나님이십니다."

이어서 말씀하시길,

"일단 마음속으로는 생각나는 죄가 있으면 회개하고, 입술로는 계속 '성령충만, 성령충만' 하면서 기도하세요. 그렇게 기도하다 제가 머리에 안수하면, 그땐 '성령충만'이라는 한국말을 하지 말고 주님께서 주신 대로 나오는 말을 그대로 하시면 됩니다. 자, 그럼 기도회를 시작합니다."

스탠드 불만 켜 놓은 어두운 방에서, 10명 정도의 인원이 모여 기도를 시작했습니다.

'날더러 지금 생각나는 죄를 회개하라는데….'

'내가 뭘 잘못했지?'

어떻게 기도해야 할지 몰라 입만 달싹거리며 손을 모아 기도 시늉만 하고 있었습니다. 한 20분 정도 지났을까. 그 여자 전도사님이 제게 다가오셨습니다. 제 머리에 손을 얹으시더니 기도를 해 주셨습니다. 그리고 손바닥으로 찰싹찰싹 등을 몇 차례 두드리셨습니다.

"할렐루야. 주님. 감사합니다. 지금 이 청년에게, 성령께서 임하시고 있습니다."

'뭐? 내게 성령이 임한다구?'

전도사님의 말이 떨어짐과 동시에 신기한 일이 일어났습니다. 갑자기 내 혀가 휙 돌아가더니. 입에서 희한한 말들이 터져 나왔습니다. 얼마 전 교회 청년들이 모여 기도할 때 들은 그 이상한 기도소리가 제게서도 나왔습니다. 방언의 은사를 받은 것이었습니다! 그런데 그게 끝이 아니었습니다. 계속해서 주님의 놀라운 은혜가 부어지는데, 순간 제 머리 위로 뜨거운 불덩이가 떨어졌습니다. 그 불덩어리가 제 머리 정수리에 놓여 있더니, 그 불이 움직이기 시작했습니다. 저의 뒤통수와 척추 뼈를 거쳐 꼬리뼈까지 쫙 훑어 내려갔습니다. 어찌나 뜨거운지 기도 중 '앗, 뜨거~' 하고 소리를 지를 뻔했습니다.

그렇게 불덩이가 내 몸을 훑고 지나간 후, 잠시 몇 초간 정신이 없

  맨땅 개척 미라클 챌린지

이 아득했습니다. 그러다 정신이 들더니 제 앞에 갑자기 희한한 현상이 나타났습니다. 지금 나는 분명 눈을 감고 있는데, 제 앞에서 마치 영상 같은 것들이 보이기 시작했습니다. 얼핏 꿈을 꾸는 듯했지만 정신은 또렷했습니다. 그 영상 속엔 어린 시절부터 지금껏 살아오면서 지은 '죄의 현장'이 생생하게 담겨 있었습니다. 철없던 시절 친구와 싸웠던 모습부터 세상 친구들과 술 마시며 허랑방탕하게 지낸 모습들, 그리고 대순진리회에서 제사상 앞에 절하고 태을주 주문을 하는 장면 같은 것들이 계속해서 파노라마처럼 제 앞에 펼쳐지는 것이었습니다.

이렇게 계속해서 펼쳐지는 죄의 목록 앞에, 저는 어찌할 줄 몰랐습니다. 내가 얼마나 큰 죄인이며 부끄러운 자인지 지난날의 죄들이 직접 증거해 주고 있었습니다. 이러한 죄 앞에 제가 할 수 있는 일이란 아무것도 없었습니다. 그저 눈물만 흘릴 뿐이었습니다. 이런 제 자신이 주님 앞에 너무나 부끄럽고 죄송해 눈물로 죄를 고백하며 용서를 구했습니다. 그런데 그 순간 갑자기 하늘 높은 곳에서부터 핏방울이 툭~ 하고 떨어졌습니다. 그러더니 그 영상 속에 담긴 제 죄를 일순간에 지워 주시고 하얗게 백지같이 만들어 주셨습니다(사1:18). 그러자 마치 슬라이드 사진이 넘어가듯 또 다른 제 죄의 장면이 이어져 나타났습니다. 이때도 죄송함과 부끄러움으로 간곡하게 참회의 기도를 드리니 또다시 하늘에서 핏방울이 떨어져 제 죄를 지워주시고 눈처럼 하얗게 만들어 주셨습니다.

이 얼마나 놀라운 은혜인지요! 여기 덕은동 기도회에 오기 불과 몇 시간 전까지만 해도 저는 교만과 오기로 가득 찬 인간이었습니다. 하나님을 등지고 세상과 짝하며 지낸 탕자 같은 자였습니다. 교회는 다녔지만 껍데기뿐이었고 속으로 신앙인들을 비웃었습니다. 도리어 사이비 단체인 대순진리회에 빠져 귀신 주문을 외우며 영적으로 깊이깊이 헤매던 자였습니다.

주님은 그런 저를 친히 보시고 아셨습니다(시139:1). 이렇게 죄로 얼룩진 인생이었지만 불쌍히 여기셨고 오래 참고 기다려 주셨습니다. 그리고 마침내 저를 찾아오셔서 친히 만나 주셨습니다. 제 앞에 쉴 새 없이 펼치지는 죄의 목록과, 그런 저의 수많은 죄를 짊어지시고 십자가에 오르신 예수님의 한없는 사랑 앞에 어떤 말도 꺼낼 수 없었습니다. 내 죄로 인한 애통함과 나 같은 죄인조차 품으신 주님의 사랑의 감격이 서로 교차하면서 울고 또 울었습니다. 한참을 기도하고 있는데 전도사님의 찬송가 선창 소리가 들렸습니다.

"나 같은 죄인 살리신 주 은혜 놀라와. 잃었던 생명 찾았고 광명을 얻었네."

그날 덕은동 기도회를 마치며 함께 부른 **Amazing Grace** 찬송은 그야말로 제 영혼의 고백이 되었습니다. 별다른 기대감 없이 억지로 참

 맨땅 개척 미라클 챌린지

석한 가정집의 작은 기도회였지만, 그 작은 기도회가 제 인생을 송두리째 바꾸어 놓았습니다. 그리고 기도회를 인도해 주신 김광자 전도사님은 저를 격려해 주시며, 앞으로 이 청년은 하나님께서 크게 쓰실 것 같다며 축복의 말씀을 해 주셨습니다. 저를 기도회로 인도해 준 두 분의 형님들 또한 함께 기뻐하였습니다. 그날 밤, 우리 교회 청년부에서 운영하던 '프리첼' 홈페이지에 소식 하나가 업데이트되었습니다.

"충필스 불받았다!"
(충필스는 교회 대학부 시절 저의 별명입니다)

여기서 잠깐. 저의 회심에 결정적 영향을 준 김광자 목사님에 대해 간단하게 소개하고자 합니다. 김광자 목사님은 이북 진남포에서 출생하신 1944년 생으로, 당시 웬만한 집안의 장남도 대학 진학이 어려웠던 60년대 시절 숙명여대 미대를 졸업하실 정도로 부유한 집안에서 태어나신 분입니다. 그러나 어릴 때부터 유난히 몸이 약하신 데다 20대 중반에 주사를 잘못 맞아 주사 쇼크를 겪고 난 후 생사를 넘나드는 고난을 겪게 되었습니다. 이렇게 예기치 않은 고난의 순간, 목사님은 병원 벽에 붙어 있는 작은 십자가를 바라보며 회개의 기도를 하시게 되었고, 이후로 몸이 조금씩 좋아지면서 예수님을 위해 살기로 결심을 하고 주의 종으로 헌신하게 되었습니다. 목사님은 특히 한평생 기도의 용사된 삶을 산 분으로, 전성기 시절엔 하루 평균 8시간씩 기도할 정도로 깊이 있는 기도생활을 하신 분이었습니다. 하나님은 그런 목사님께 풍성한 은사를 부어 주셔서 성령의 은사를 통해 하나님의 살아 계심을 증거하는 삶을 살도록 하셨습니다. 헤아릴 수 없는 많은 사람들이 목사님을 통해 '방언'의 은사를 받았고, 여러 질병에 매인 분들이 치유의 은혜를 체험했으며, 귀신의 눌림과 중독에 놓여 있는 자들이 자유함을 얻는 모습을 곁에서 수없이 목격하였습니다.

덕은동 기도회에서의 첫 만남부터 20여년이 지난 지금까지, 저는 김광자 목사님을 제 영적 어머니이자 스승님으로 모시고 주님 안에 귀한 동역을 이어가고 있습니다. 목사님은 비록 지난날 몸의 허약함으로 결혼 후 두 번이나 유산을 하여 자녀가 없으시지만, 50년간의 사역을 통해 많은 이들을 주의 자녀로 거듭나도록 돕는 '영적 산파'의 사명을 충성되이 감당해 오고 있습니다.

이렇게 귀한 스승님을 만나 사명자의 길을 걷도록 인도해 주신 하나님께 감사를 드리며, 올해 82세가 되신 김광자 원로목사님에게 주의 은혜로 더욱 강건케 하시고 천국 가는 그날까지 아름다운 열매가 가득하게 되시기를 축복하며 기도드립니다.

신앙의 어머니 김광자 원로목사

Chapter 7

희년(Jubilee)의 나팔

[레25:9-10]

9… 너는 뿔나팔 소리를 내되 전국에서 뿔나팔을 크게 불지며

10 너희는 오십 년째 해를 거룩하게 하여 그 땅에 있는 모든 주민을

위하여 자유를 공포하라 이 해는 너희에게 희년이니…

우연히 참석한 덕은동 기도회를 통해 갑작스런 은혜를 체험한 다음 날 새벽, 저는 놀라운 평안 속에서 잠을 깼습니다. 마치 구름 속에서 자고 일어난 것 같았습니다, '지금 내가 천국에 왔나?' 두리번거릴 정도로 경험해 보지 못한 평안함 속에 일어났습니다. 그리고 곧장 새벽 기도회에 갔습니다. 목사님의 설교 시간이 끝나고 바로 기도회로 이어졌는데, 이때 스피커에서 나오는 바이올린으로 연주한 찬송가의 한 선율이 제 귀에 들려 왔습니다.

'어서 돌아오오. 어서 돌아만 오오. 지은 죄가 아무리 무겁고 크기로 주 어찌 못 감당하고 못 받으시리오. 우리 주의 넓은 가슴은 하늘보다 넓고 넓어….'

이 찬양을 듣는 순간 심령 깊은 곳에서 눈물이 솟구쳐 나왔습니다. 얼마나 갑작스레 터져 나왔던지, 울음보단 차라리 통곡에 가까웠습니다. 기도 시간 내내 얼마나 울었는지 시간가는 것조차 잊었습니다. 그렇게 기도를 마치고 건물 밖으로 나왔는데… 정말 세상이 놀랍도록 아름답게 바뀌어 있었습니다.

'산천도 초목도 새 것이 되었고 죄인도 원수도 친구로 변한다. 새 생명 얻은 자 영생을 누리니 주님을 모신 맘 새 하늘이로다.'

정말 찬송가의 가사 그대로였습니다! 세상의 모든 것이 새 것이 되었습니다. 내가 바라보는 모든 것, 교회 앞에 있는 나무들과 높다란 하늘과 거기 떠 있는 구름까지, 모든 곳에 하나님의 사랑이 충만했습니다. 모든 것이 아름다웠고 모든 것이 다 사랑스러웠습니다. 마치 하늘의 문이 열린 것 같았습니다. 이렇게 하나님의 놀라운 은혜를 체험하니 그냥 이대로 가만히 있을 수 없었습니다. 우선 무엇보다 저의 옛 삶부터 청산하기로 결심했습니다. 함께 술 마시던 친구들, 세상에 속한 모든 인연들을 그날부로 모두 정리하였습니다. 그리고 한때 세상 노래에 빠져 '노래방 죽돌이'로 지내던 시절 모아 둔 가요 테이프와 CD, 잡스러운 책들, 비디오 등 모두 아낌없이 버렸습니다. 기르던 갈색 머리마저 스포츠로 빡빡 밀어 새 삶을 향한 결의를 다졌습니다.

주님과의 첫사랑을 체험한 이때, 저는 나름 특별한 결심을 가지고 신앙생활을 했습니다. 덕은동에서 방언 은사를 처음 경험한 후, 혹시나 방언을 잃어버렸을까 봐 틈틈이 지하철 손잡이에 얼굴을 묻고 작은 소리로 방언기도를 읊조리며 학교를 다녀오곤 했습니다. 특히 4년간의 대학 생활 동안 덕은동 기도회를 저의 '마가의 다락방'으로 여기며 매주 월요일과 목요일에 거의 빠짐없이 참석했습니다. 기도회가 없는 날에는 짬 나는 대로 홍제동 요나 3일 영성원이나 본 교회 대학부실에 들러 1시간 이상씩 기도를 하기도 했습니다.

이때 전 오직 한 가지 소원을 두고 기도했습니다. 제 일생 일대 소원, 그것은 바로 아버지의 변화였습니다. 덕은동 기도회를 통해 저는 회심의 은혜를 체험했지만 아버지는 이때도 여전하셨습니다. 그 지긋지긋한 외박과 도박의 사슬에서 여전히 헤어 나오지 못하고 계셨습니다. 그럼에도 한 가지는 달라진 게 있었습니다. 바로, 제가 하나님을 정말 확실히 믿게 된 것이었습니다. 지난날 하나님의 존재 자체를 의심했던 저로서는 '주님의 살아 계심'이야말로 그 어떤 것과도 바꿀 수 없는 보석이요 희망 자체였습니다. 비록 제 아버지는 여전히 정신을 못 차리고 있지만 생각해 보면 저 역시도 얼마 전까지 조금도 다를 바 없는 죄인이었으며, 나 같은 한심한 자도 주님이 사랑하시고 건져 주셨다면, 도박에 빠진 아버지라고 못 건지시겠는가 하는 분명한 믿음이 생겨난 것이었습니다. 이렇게 저의 생각을 바꾸고 나니 더욱 기도가 잘되었습

  맨땅 개척 미라클 챌린지

니다. 예전엔 낙담 반, 한탄 반의 기도였는데 이젠 기도의 자세가 바뀌었습니다. 탐관오리 변사또를 향해 '암행어사 출두야~'를 외친 것처럼, 주님을 믿고 죄의 세력을 향해 담대히 외치는 선포의 기도를 계속 드리게 되었습니다.

"예수의 이름으로 명하노니, 아버지에게 있는 도박의 결박은 끊어질지어다. 예수 보혈의 능력으로 도박 귀신은 물러가라!"

이렇게 기도를 시작하고 나니 정말 아버지에게 변화가 나타났습니다. 놀랍게도, 아버지가 전보다 더 **신나게** 고스톱을 치는 것이었습니다! 원래는 하루이틀 외박하시던 분이 기도를 시작하고 나니 사나흘이 되도록 집에 안 들어오셨습니다. 어느 날 나흘 만에 집에 들어온 아버지와 눈이 마주쳤는데 아버지의 눈을 보고 깜짝 놀랐습니다. 마치 그 눈이 마귀의 눈처럼 보였기 때문입니다. 너무나 놀라 저는 그 자리에 얼어 버렸습니다. 그리고 얼른 방에 들어가 주님 앞에 엎드렸습니다.

'오, 주여! 이게 어찌 된 영문입니까? 기도를 시작하니 아버지의 도박이 더 심해졌습니다. 아버지 눈이 사람 눈 같지가 않습니다. 제 기도가 약한 것입니까! 정말 어찌하면 좋습니까?'

며칠 동안 완전히 코가 빠져 한숨과 탄식 속에 기도를 드렸습니다. 그런데 그 사실을 알 리 없는 김광자 전도사님이 기도회 도중 갑자기 제게 다가와 안수 기도를 하시며 예언 기도를 해 주셨습니다.

"사랑하는 아들아, 네가 네 아버지 일로 많은 염려를 하고 있구나. 그러나 아들아, 염려하지 마라. 겉으로 그렇게 보여도 때가 되면 네 아버지는 반드시 변화되고 회복되느니라. 그뿐 아니라 내가 너를 통해 너희 집안 전체를 구원하리라. 반드시 큰 역사가 나타날 것이니 두려워 말고 기도를 계속하라."

그렇게 아버지의 회심을 위해 기도한 지 어느덧 6개월 정도가 되었습니다. 그 무렵 저는 전도차 사흘간 고창에 계신 고모 집에 다녀왔는데, 그 사이 아버지는 복부 쪽에 극심한 통증을 겪으셨습니다. 그 통증이 생각보다 심하여 제가 돌아왔을 때는, 아버지의 마음이 전보다 많이 가난해진 상태가 되었습니다. 저는 지금이야말로 '은혜받을 만한 때요, 구원의 날'임을 깨닫고 늦은 새벽 시간까지 거의 3시간 동안 아버지를 설득했습니다. 그리하여 주의 은혜로 아버지의 마음 문이 열리게 되었고 결국 덕은동 기도회까지 참석하시게 되었습니다.

당시 덕은동 기도회는 30사단 군종목사님이신 김학수 목사님(현 장위중앙교회 담임)의 요청으로 30사단 군부대 독수리 교회에서 '금요 저녁집회'로 이뤄지고 있었습니다. 그렇게 군부대 교회에 참여하게 된 아버지와 어머니는 맨 앞줄에 앉으셨고, 저는 혹시나 아버지께서 신경쓰

실까 봐 맨 뒷자리에 앉았습니다. 감사하게도 그날따라 군종병 형제가 이끄는 찬양 인도는 너무나 은혜스러워 집회 가운데 더욱이 성령의 운행하심이 감도는 것 같았습니다.

김광자 전도사님의 설교가 끝나고 드디어 온 회중의 통성 기도가 시작됐습니다. 아버지는 맨 앞으로 나가 무릎을 꿇으셨습니다. 저는 전도사님께서 아버지에게 안수 기도를 하시는 모습까지만 보고 더 이상 집회 현장을 보지 않기로 마음을 정했습니다. 대신 온 사력을 다해 주님께 부르짖으며 마귀의 견고한 진을 부수는 전투 기도에 힘을 보탰습니다.

"주여! 드디어 저희 아버지가 은혜의 자리에 나오시게 되었습니다. 이 시간 예수의 보혈과 성령의 능력으로 기름 부어 주셔서 저희 아버지를 새롭게 변화시켜 주옵소서! 예수 그리스도의 이름으로 명하노니 아버지에게 얽힌 도박 중독의 결박은 완전히 끊어질지어다! 예수 피를 힘입어 명하노니 너 악한 마귀 더러운 도박 귀신은 우리 아버지에게서 완전히 물러갈지어다! 주여! 성령의 불로 이 모든 죄와 더러운 도박의 영을 완전히 소멸하여 주시옵소서!"

제 생에 이때만큼 간절하게 기도한 때가 또 있었나 싶습니다. 우리 아버지를 살려 달라고, 아버질 회복시켜 달라고, 아버질 변화시켜 달라고 하늘을 향해 부르짖고 또 부르짖었습니다. 그렇게 온 힘을 쏟아부어 열렬히 기도를 드리는데 갑자기 교회 맨 앞쪽에서 크게 울부짖는 목소리가 들려왔습니다.

"아~~~~~ 아버지! 주여~~!!"

그토록 오래 기다려 왔던, 저의 아버지의 목소리였습니다. 이날 아버지는 목 놓아 우셨습니다. 맨 뒷자리에 앉은 저에게까지 들릴 정도로 아버지는 너무나 간절하고도 간곡하게 울부짖는 기도를 드리셨습니다. 아버지의 눈물은, 아마도 헛된 인생길을 걸어온 지난날에 대한 후회의 눈물이었을 것이고, 그럼에도 그런 자신을 만나 주신 하나님을 향한 감사의 눈물이었을 것이며, 옛 사람에서 새 사람으로의 탄생을 알리는 새 생명의 눈물이었을 것입니다. 아버지의 통곡의 기도 소리를 듣는 순간 저 역시 말할 수 없는 감격에 벅차올라 울고 또 울었습니다. 그렇게 기도회를 마치고 아버지 계신 맨 앞자리에 가 보니 땀과 눈물로 범벅이 된 휴지더미가 마치 작은 언덕마냥 높다랗게 쌓여 있었습니다. 집회를 인도하신 김광자 전도사님은 아버지의 등을 두드려 주시며,

"이분은요. 여태껏 제가 만난 분 전체를 통틀어 가장 방언 받기 힘든 세 손가락에 꼽을 정도인데요. 오늘 주님께서 아주 특별한 은혜를 주셨습니다."라며 함께 기뻐하셨습니다.

 맨땅 개척 미라클 챌린지

이후로 아버지는 정말로 새 사람이 되셨습니다. 김전도사님의 권면에 따라 다음날부터 어머니와 매일 인왕산에 올라 하루 2시간씩 40일간 작정 기도를 하셨습니다. 이후엔 본교회에서 새벽 제단을 쌓으셨는데 그 열심이 정말 특심이셨습니다. 아버지의 직장인 노량진 수산시장을 가기 위해 매일 새벽 3시에 일어나 출근하셨습니다. 그리고는 새벽기도회를 위해 다시 홍제동 본교회로 돌아와 새벽기도를 드리시고 또 다시 시장으로 출근하시는 이러한 끊임없는 기도의 삶을 사셨습니다. 아버지가 하늘나라에 가실 때까지 말입니다.

어떤 분들은 한때 주님의 은혜를 경험했다가도 도로 세상으로 돌아가는 일이 생기기도 합니다. 그러나 아버지는 결코 그렇지 않으셨습니다. 도리어 자신을 은혜의 빚진 자로 여기며 이후의 인생을 주님의 충성된 증인의 삶으로 사셨습니다. 이때 아버지의 전매특허는 바로 '꽁치 전도'였습니다. 매주 목요일이면 홍제동 현대 아파트 사거리에 서서 동네 분들에게 꽁치를 나눠주시며 전도를 하셨습니다. 저는 이러한 아버지의 모습을 보고, 이제는 정말 '사람을 낚는 어부'가 되셨다고 격려를 해 드리곤 하였습니다.

결국 이렇게 우리 집안을 오랫동안 지독히도 괴롭혀 왔던 '도박의 여리고성'은 주님 앞에 완전히 무너져 내렸습니다(고후10:4). 특히 이런 아버지의 변화는 아직 예수를 믿지 않는 친척들에게까지 전해졌고 하나님의 살아 계심을 인정하도록 만든 '집안 1호 기적'으로 자리매김하게 되었습니다.

이 무렵 제가 제일 듣기 싫은 질문이 있었습니다. 바로 '니네 집 몇 평이야?'라는 말이었습니다. 이유는 당시 우리 가족은 홍제동의 12평짜리 임대 아파트에서 살았기 때문입니다. 가뜩이나 남들보다 덩치 큰 다섯 식구가 방 2개짜리 좁디좁은 임대 아파트에서 몸을 맞대며 산다는 건 정말로 불편했을 뿐 아니라 제게는 부끄러운 일이었기 때문입니다. 그런데 애석하게도 이 질문의 주요 인사가 바로 저의 신앙의 어머니 김광자 전도사님이셨습니다. 남의 속도 모르시고…. 처음 전도사님을 만났을 때 이 질문을 받으면 못 들은 체하고 피해 다니느라 얼마나 힘들었나 모릅니다. 나중에 전도사님께 물어봤습니다.

"아니, 전도사님. 그때 왜 그렇게 저희 집 평수가 궁금하셨어요? 가뜩이나 좁은 집 살아서 서러운 사람한테~"
"야. 겉은 멀~쩡히 생겨가지고 부잣집 아들래미 같길래, 대체 얼마나 큰 집 사는가 궁금해서 그랬다. 왜?"

아버지의 변화의 기적이 일어난 지 1년 정도 된 시점 제 군대 휴가를 앞둔 어느 날, 형님으로부터 연락을 받았습니다. 이번에 새로 이사를 갔으니, 보내 준 집 주소로 오라는 것이었습니다. 새 주소지에 도착해 보니 주인 문패에 아버지 성함이 써 있었습니다. 생애 처음으로 진짜 **우리 집**에 살게 된 순간이었습니다.

   맨땅 개척 미라클 챌린지

이제 우리 가족에게 '토요일 밤 9시, 외박, 도박'이란 말은 추억 속의 단어로 바뀌었습니다. 이제는 더 이상 다툼과 눈물이 아니라, 찬송과 웃음꽃이 만발한 물 댄 동산 같은 가정 안에서 살고 있습니다.

[눅 4:18~19]

주의 성령이 내게 임하셨으니, 이는 가난한 자에게 복음을 전하게 하시려고 내게 기름을 부으시고 나를 보내사 포로된 자에게 자유를, 눈 먼 자를 다시 보게 함을 전파하며, 눌린 자를 자유롭게 하고 주의 은혜의 해를 전파하게 하려 하심이라

성경 말씀의 약속대로 우리 가족에게 주의 은혜가 선포되었습니다. 희년(Jubilee)의 나팔이 울려 퍼진 것입니다! 그렇게 설움에 겹도록 가난하게 살던 우리를 건져 올리셨고, 오랜 도박의 사슬에 묶여 포로 된 아버지에게 자유함의 은혜를 주셨습니다.

지난 세월 동안 슬픔과 눈물로 살아온 우리 가정에 재 대신 화관을, 슬픔 대신 희락을, 근심 대신 찬송의 옷을 입혀 주셨습니다. 이후로 아버지를 비롯한 모든 식구가 여호와의 영광을 나타낼 진정한 '의의 나무'로 살게 하셨습니다. 이렇게 진토 가운데 살던 우리를 건져 내사 희년의 축복을 받은 가정의 본을 삼으신 하나님께 감사를 드리며 이 모든 영광을 오직 하나님께 올려드립니다. Soli Deo Gloria!

Chapter 8

예수의 좋은 병사가 되라

[딤후 2:3-4]

3 너는 그리스도 예수의 좋은 병사로 나와 함께 고난을 받으라

4 병사로 복무하는 자는 자기 생활에 얽매이는 자가 하나도 없나니

이는 병사로 모집한 자를 기쁘게 하려 함이라

대학 1학년을 마칠 무렵, 부모님 앞으로 대학에서 보낸 편지가 도착했습니다.

귀하의 자제는 우수한 수학능력시험 성적과 높은 학점을 받아 본

학교의 인재로 여겨지기에 본교 ROTC 장교 입대를 추천합니다.

이 편지를 받아든 부모님은 매우 기뻐하셨습니다. 저 역시 이 편지를 주님의 선물로 여기며 기쁜 마음으로 장교로 지원하려고 했습니다. 그러던 중 하나님의 뜻을 알기 위해 기도를 드렸는데, 주님은 그 길을 막으시며 장교가 아닌 사병의 길로 절 인도하셨습니다. 이에 주님 뜻에

순종하였고 2002년 3월에 군에 입대하였습니다. 의정부에 있는 306보 충대를 시작으로 5사단 신병교육대를 거쳐, 전곡에 있는 자주포 포병 부대로 배치를 받아 2년여 간의 군 생활을 시작하게 되었습니다.

전 평소 사람들과의 관계가 원만한 편이고, 더구나 은혜를 체험한 후에는 여러 사람들로부터 사랑을 받고 지냈기 때문에 군 생활에 어려움이 있을 거라곤 생각지도 못하였습니다. 그러나 자대 배치를 받은 첫날부터 현실은 다르다는 것을 깨닫게 되었습니다. 전 이미 몇몇 고참들의 눈 밖에 나 있었는데, 그 이유를 들으니 학벌 때문이라는 것이었습니다. 제가 들어오기 전엔 고참들이 다닌 학교가 제일 좋은 대학이었는데, 저의 입대로 인해 자부심에 스크래치가 갔다는 것이었습니다. 저는 정말 제 귀를 의심했습니다. (밖에는 저보다 학벌 좋은 사람들이 수없이 많은데, 이게 대체 무슨 말인가 싶었습니다)

그런데다 신병시절 제가 보인 어리숙함(소위 어리버리) 또한 그 미운털에 한 몫을 더했습니다. 아무리 군대가 처음이라지만 제가 생각해도 저 자신이 바보 같을 때가 많았습니다. 한번은 이등병 시절 유격 훈련을 받으러 훈련장에 갔는데, 새벽 근무 교대 시간에 총기에 탄창을 삽입한 채 격발하여 공중으로 공포탄을 발사한 적이 있었습니다. 타 분과 고참들은 '기상나팔 대신에 공포탄으로 깨웠다'며 웃어넘겼지만, 저의 분과 고참들은 절대 그냥 넘어가지 않았습니다.

"야~ 이렇게 멍청한 니가 무슨 수로 그 대학에 들어갔는지 정말 신기할 따름이다."

"야. 니네 아빠 부자지? 혹시 너, 기부금 입학했냐?"

그러던 어느 날 결정적인 사건이 발생했습니다. 하루는 같은 분과 고참이 저를 불러냈습니다.

"야, 서충은이~"

"이병 서. 충. 은."

"넌 당분간 일요일에 교회 못 간다. 왜냐. 우리 분과는 주말에도 3교대 상황 근무를 서는데, 일요일 오전엔 너처럼 짬밥 안 되는 애들이 근무를 서게 돼 있거든. 나도 옛날에 상황실에서 일요일 오전 말뚝 근무 섰다. 너만 그러는 건 아니니까 억울해하지 말고. 니 후임 들어오면 그땐 똑같이 하면 돼. 그럼 너도 교회 갈 수 있어."

"저, ○○○ 상병님. 혹시 제가 오전에 교회 다녀온 다음, 오후 시간과 저녁 시간 모두 말뚝 근무를 서면 안 되겠습니까? 딱 오전에만 저를 좀 교회에 보내 주시면 감사하겠습니다. 부탁드립니다."

"안 돼."

고참은 단호했습니다. 그날 밤 저는 두 가지 선택지를 놓고 고민을 했습니다. 분과 고참의 명령이니 못 이기는 척 순응하고 상황에 따라

살 것인가, 아니면 분명 욕을 먹겠지만 대가를 치러서라도 주일 예배에 참석할 것인가. 그러나 그 고민의 시간은 길지 않았습니다. 다른 건 몰라도 주일 예배 만큼은 결코 양보할 수 없는 절대 신앙 가치로 믿었기 때문입니다. 이에 저는 다음 날 포대장(중대장)님을 찾아가 면담을 신청했습니다.

"진군! 이병 서충은. 포대장님께 용무 있어 왔습니다."

"그래. 서충은 이병. 무슨 일로 왔나?"

"죄송하지만, 저를 FDC 분과에서 타 분과로 옮겨 주시길 요청드립니다."

"뭐? 분과를 옮긴다고? 왜? 고참들이 괴롭히던가?"

"아닙니다."

"그럼 뭐가 문제야?"

"네, 포대장님. 사실 저는 기독교 신앙을 가진 사람입니다. 주일에는 특별한 일이 아닌 이상 예배를 드리러가야 합니다. 그러나 제가 속한 분과는, 분과 특성상 매 주일 오전마다 상황 근무를 서야 하는 것으로 알고 있습니다. 그렇게 되면 거의 매 주일마다 예배 참여가 어려운 상황이라서 부득이 저를 포반이나 여타의 분과로 옮겨 주십사 하고 포대장님께 부탁을 드리게 되었습니다."

제 말을 들은 포대장님은 즉시 분과 고참들을 소집했습니다. 그리고 분과 최고참에게 질책하듯 말했습니다.

"야. 유병장, 지금 서충은 이병이 포대장에게 면담을 신청했다. 상황 근무 때문에 일요일 예배를 못 드린다고 다른 분과로 옮겨 달래잖냐. 얌마. 니들 고참들이, 이런 거 하나 해결 못해 갓 들어온 이등병이 포대장 찾아오게 만드나? 니들, 정말 이것밖에 안 돼?"

"죄송합니다."

"어떻게 할 건데?"

"그럼 서충은 이병이 오전에 종교 행사에 참여하도록, 저희 선임들이 돌아가면서 오전 상황 근무 서겠습니다."

"야~ 이렇게 간단한 걸 가지고, 포대장 면담이나 하게 만들고. 정신 차려, 이 짜식들아."

"그리고 서충은 이병. 니 종교도 중요하지만 남들한테 피해 가지 않게 행동 똑바로 해. 알았나?"

그 자리에서 저의 주일 예배 참여를 최대한 보장하는 것으로 정리가 됐고 분과 이동은 없던 일로 되었습니다. 그러나 저의 포대장 면담신청 사건은, 가뜩이나 미운털이 박혀 있던 저에 대한 고참들의 반감을 완전 증폭시킨 최대 사건이 되었습니다. 이 소문은 금방 우리 포대 전체로 퍼졌습니다. 예전까진 그래도 저를 좋게 봐 주었던 타 분과의 고참들조차 이 사건을 계기로 완전히 등을 돌렸습니다.

   맨땅 개척 미라클 챌린지

"와. 이런 개념 없는 새끼~ 이제 갓 들어온 이등병 놈 주제에, 감히 포대장님 면담을 신청해?"

한마디로 제 군 생활이 정말 제대로 꼬여 버렸습니다. 그리고 이것을 계기로 분과 고참들의 집요한 괴롭힘이 시작됐습니다.

군대 일과가 시작되는 오전 8시. 저는 고참들이 보는 앞에서 주특기 시험 문제를 풀었습니다. 제가 문제를 풀면 고참들은 그 자리에서 바로 채점을 했습니다. 그리고 제 틀린 점수와 얼차려 개수가 상황실 칠판에 기록되었습니다. 한 번 시험 볼 때마다 적게는 10회, 많게는 50회의 기합을 받았습니다. 제가 받는 기합의 종류는 참 다양했습니다. 기본은 팔굽혀펴기였고, 때론 윗몸 일으키기, HCO용 도판 들고 앉았다 일어나기, 쪼그려 뛰기, 유격 PT 8번 온몸 비틀기 등등이었습니다. 때론 고참들은 같은 기합만 주는 게 지루하다 싶었는지, 다른 분과 분대장들에게 얼차려 미션을 넘기기도 했습니다. 그때마다 제 상황실에서 포반까지 달려가 포반장 앞에서 얼차려를 받고 그들에게 사인 받아오기를 시켰습니다. 이럴 경우 '야! 고참들에게 좀 잘 해. 인마.' 하며 혼내고 얼차려를 시킨 분대장이 있고, 그래도 슬쩍 사인해 주면서 '짜식. 고생이 많다. 여기서 좀 쉬었다 가.' 하고 위로해 주는 포반장도 있었습니다. 어쨌든 그런 얼차려가 끝나면 휴식 없이 바로 문제 풀이에 들어갑니다. 하루 평균 수백 개씩 팔굽혀펴기를 했습니다. 그러다 지쳐서 땅바닥에 엎어져 있으면 가끔씩 메트로(기상) 제원을 받기 위해 상황실로 들어온 제 동기들이 대신 기합을 받기도 했습니다.

"야! 니들의 잘못이 뭔지 알아? 서충은이 같은 이런 애를 동기로 둔 게, 바로 니들의 죄야. 알아 이것들아?"

어쩔 땐 하루에 팔굽혀펴기를 천 개 이상도 한 것 같습니다. 그 덕에 몸에 있는 군살이 다 빠지고 탄탄한 근육질의 몸매로 변했습니다. 어떤 동기 녀석은 그런 절더러 '상황실에서 탄생한 철인 28호'라 부르며 놀리곤 했습니다.

고참들의 괴롭힘은 상황실에서뿐만 아니라 내무반 안에서도 이어졌습니다. 아마도 제가 지독히도 미웠던 모양입니다. 어쩌다 뭔가 조그만 실수라도 생기면 득달같이 달려들어 모든 포대원이 보는 앞에서 공개 망신을 줬습니다. 하루는 내무반 이 끝에서 저 끝까지 대략 30미터 정도를 제 이마를 연타로 때려가며 몰고 갔던 적도 있었습니다. 이런 류의 모욕을 당할 때마다 속에서 올라오는 혈기를 참고 누르느라 이를 부득부득 갈았습니다.

'이 인간들. 정말 딱 한 대씩만 패 주고, 그냥 영창갈까…' 하루에도 몇 번씩 이런 충동에 휩싸이곤 했습니다.

그들의 괴롭힘은 주일에도 예외는 아니었습니다. 비위에 거슬리는

                                        맨땅 개척 미라클 챌린지

일이 조금이라도 생겼다 싶으면, 주일에 교회 문을 박차고 들어와 "서충은 이 X새끼~" 소리를 지르며, 찬양 인도하는 제 멱살을 잡아 끌고 나가기도 하였습니다. 그때 고참이 퍼부었던 악담이 기억납니다.

"야. 서충은이. 넌~ 지옥 갈 거야. 왜냐? 바로 너 때문에, 내가 예수가 싫어졌거든."

저로서는 예수 한번 잘 믿어 보겠다고 나름의 신앙 선언을 한 것인데, 이로 인해 군 생활 전체가 창살 없는 감옥이 되었습니다. 내가 뭔가 잘못된 선택을 한 건 아닌지 순간순간 회의가 찾아올 때도 있었습니다. 그러던 어느 날 김광자 목사님으로부터 편지가 도착했습니다.

충은아. 군대에서 고생이 많지? 휴가 때 널 들여보내 놓고 기도할 때마다, 하나님께서 지금 니 앞에 여러 환란이 기다리고 있다는 응답을 주셨다. 그런 응답을 받을 때마다 내 마음도 얼마나 아팠는지 모른다. 그런데 여기엔 하나님의 섭리가 있다고 하셨다. 왜냐면 그동안 넌 주로 교인들이나 착한 사람들을 상대하며 살아왔기 때문에 경험한 세상의 폭이 너무 좁고 평탄했다고 하셨다. 가난했지만 특별한 어려움이 없이 지나왔지. 그러나 앞으로 네가 맞닥뜨릴 세상은 그리 만만한 곳이 아니라고 하셨다. 그리고 네가 앞으로 돌봐야 할 너의 양 떼들은 이 환란 많은 세상에 살면서 무수한 상처를 받은 자들이 대부분이다. 그러니 네가 낮아져 봐야 낮은 사람의 마음을 알고, 고생도 해 봐야 진짜 힘든 사람의 마음을 알고 진짜 그들을 돌보고 위로할 수 있다고 하셨다. 지금 네가 받는 고난은 너의 죄나 잘못 때문이 아니라 하나님의 섭리 안에서 허락하신 훈련의 과정이며, 앞으로 조금 있으면 평안이 찾아올 것이라 하셨으니, 조금만 더 참고 견디려무나.

김광자 목사님은 남편 정대환 장로님과 함께 군 부대까지 직접 면회를 오셔서 족발이나 보쌈 같은 맛있는 음식을 사 주시며 제게 위로를 해 주시곤 하였습니다.

그리고 드디어 그날이 왔습니다. 지독히도 절 괴롭히던 고참들의 전역 날 말입니다. 저의 전역 날도 아닌데 정말 기뻤습니다. 그런데 그들은 제대하는 와중에도 저를 향한 독한 마음이 풀리지 않았던 모양입니다. 제대를 앞둔 어느 날 K병장이 불쑥 말을 꺼냈습니다.

"느그들은 우리들이 만든 교재를 받을 자격도 없는 놈들이여."

또 무슨 짓을 하려는가 했더니 결국 또 일이 터지고 말았습니다. 윗대 선임들이 만들어 후임들에게 대대로 물려줬던 주특기 교재가 있었는데, 제대 하루 전날 소각장에서 모조리 태워 버린 것입니다. 한마디로 니들 X 먹으라는 뜻이었습니다. 딱 한 권 남은 본 교범으로 새로 들어온 후임들 교육을 하다 보니 고생도 무척이나 많이 했었습니다.

어쨌거나 시린 겨울 같은 고난의 때가 지나고 제게 봄날이 왔습니다. 저를 힘들게 한 고참들이 나간 지 얼마 되지 않아 그동안 땅바닥에 떨어졌던 제 명예가 조금씩 회복되었습니다. 어떤 이는 저에게 찾아와 사과까지 했습니다. 고참들으로부터 부당하게 괴롭힘 당하는 걸 알았지만, 혹여 자기도 얽힐까 봐 두려웠다며 미안하단 말을 건네기도 했습니다.

감사한 건 제게 남산 취조실을 방불케 했던 괴롭힘의 장소인 '상황실'이 고참들의 전역과 함께 저의 '성경 연구실'로 변하게 되었다는 사실입니다. 제 위로 두 달 고참이 있었고 그 다음이 저였으니 아무런 문제 될 게 없었습니다. 그때부터 하루 평균 3시간, 길게는 6시간 아무에게 방해받지 않는 성경 연구실의 은혜를 남은 1년의 군 생활 가운데 누리게 되었습니다!(이로 인해 성경을 보는 눈이 열리게 되었습니다. 할렐루야!)

그리고 한 가지. 이때부터 분과 두 달 고참과 저는 신앙의 동지가 되었습니다. 매일 저녁 포대 교회에 함께 올라가 한 시간씩 정기적인 기도를 했습니다. 때론 함께 금식 기도까지 하며 군 복음화를 위해 애를 썼습니다. 이것이 인연이 되어 제대 후에도 같은 교회에서 신앙생활을 함께 하게 되었고, 그리고 나중엔 교회 개척까지 함께 하게 되었습니다. 이 분이 바로, 지금 우리 교회 부목사님인 정중교 목사님입니다.

뒷줄 왼쪽에서 두 번째가 저자, 세 번째가 정중교 형제　　　　상황실

　　상병 시절부터 저는 우리 부대에서 네 가지 직책을 맡았는데 주 보직인 사격 지휘병(VCO)을 비롯해, 포대 군종병, 문제 있는 병사(관심사병)을 도와주는 고충 상담관, 그리고 태권도 조교입니다. 특히나 저는 우리 포대 태권도 조교로서 꽤나 독특한 이력을 가지고 있습니다. 제가 조교로 있는 동안 우리 대대 안에서 총 3번에 걸친 태권도 승단 심사가 있었습니다. 그런데 다른 여타의 포대들- 알파(A), 차리(C), 본부(HQ) 포대에서 수십 명의 병사들이 승단 시험에 도전했지만 그중 단한 명의 합격자도 나오지 않았습니다. 오직 저희 브라보(B) 포대에서만 유일하게 합격자가 나왔습니다. 그것도 한번에 15명에서 20명씩이나 말입니다. 저는 총 3번의 승단 심사 동안 우리 부대원 50명 이상을

합격시킨 이른바 '단증 제조기'의 저력을 발휘했습니다. 타 포대에서 저만의 특별한 합격 비결이 무엇인지 매우 궁금해했다는 후문을 전해 들었습니다.

포대 군종병 때 있던 에피소드입니다. 한번은 우리 부대에 동원 훈련을 받는 예비군 형님들이 들어왔습니다. 당시는 여단장님의 지침에 따라 수요일 저녁마다 '종교 점호'를 실시했는데, 예비군 형님들도 우리 내무반에 들어와 포대 군종병인 제 설교를 듣게 되었습니다. 그렇게 예배를 마치고 취침을 준비하는데, 몇몇 예비군 형님들이 찾아오셨습니다.

"저, 형제님. 혹시 어느 신학교 출신이세요? 설교를 너무 너무 잘하시네요~"

그리고 다음날 아침, 아침 점호 후 일곱 명의 예비군 형님들이 제게 찾아왔습니다. 그러면서 대뜸, 이번 동원 훈련 기간에 아무 사고 없이 무사히 마칠 수 있도록 제게 '안수 기도'를 부탁했습니다. 이에 저는 예비군 형님들과 함께 연병장에 모여 한 사람 한 사람에게 안수 기도를 해 주었고 그 자리에서 여덟 명이 서로 손을 맞잡고 뜨겁게 통성 기도를 했습니다. 그렇게 며칠간의 동원 훈련을 끝내고 마치는 날, 매사에 모범을 보인 예비군 형님들은 우리 전 부대원의 뜨거운 박수갈채를 받으며 무사히 퇴소하게 되었습니다.

고참이 된 후로 저는 여러 번에 걸쳐 믿음의 챌린지를 했습니다. 그 가운데 하나가 바로 7일 금식이었습니다. (하필 P.R.I 훈련 기간과 금식 기도가 겹치는 바람에 훈련 받느라 고생 좀 했습니다) 때론 3일 금식도 하고, 한번은 물도 마시지 않는 3일 단식 기도를 하기도 했습니다. 그 러자 하나님은 군 생활 가운데 특별한 은사를 부어 주셨습니다. 우리 부대에서 앞으로 일어날 사건 사고에 관해, 꿈을 통해서 미리 보여 주시는 일종의 예언의 은사를 주신 것이었습니다.

아침 기상나팔과 함께 일어나면, 하나둘씩 제 주변으로 모여듭니다.

"서병장님, 이번 주 준비 태세 때 우리 브라보가 걸리지 않겠습니까?"

"서병장님, 이번 꿈에는 혹시 티라노 공룡 안 나왔습니까? 지난번에 서병장님 티라노 공룡 꿈 꾸고 나서 경고를 주셨는데 한 3일 있다가 우리 부대 정말 박살이 나지 않았습니까?"

그래서 이 무렵, 저는 우리 부대원으로부터 '기상대'라는 별칭을 듣게 되었습니다.

신병 시절부터 제가 가진 습관 중 하나는, 어떤 일이 있어도 취침 전 주님께 기도를 하고 자는 것이었습니다. 물론 이러한 저를 고깝게 본 고참들에게,

맨땅 개척 미라클 챌린지

"야~ 그래. 그래서 예수가 뭐라시냐?"
"군생활 좀 똑바로 해라~ 이런 말 안 하시냐?"

항상 이런 유의 비아냥거리는 소리를 들었지만 말입니다. 그러나 고참이 되어서도 여전히 취침 전에 기도를 했고, 저를 따라 함께 기도하는 기도의 동지들이 하나둘씩 늘어갔습니다. 제대할 무렵, 취침 전 관물대 앞에서 기도하는 병사가 내무반에서 15명이 넘게 되었습니다.

군 생활을 마감하는 전역 당일 아침, 대대장 면담 시간이 있었습니다. 대대장님은 저에 관한 서류를 넘기면서 한마디 질문을 하셨습니다.

"서충은 병장. 내가 너희 부대에서 나온 '마음의 편지'를 읽어 봤더니, 니 후임들 가운데 한 명도 널 고발하거나 나쁘게 말한 애들이 없었던데… 그 비결이 뭔가?"
"네. 대대장님. 전 예수님의 좋은 군사가 되어, 주님을 증거하는 것이 저의 군 생활의 목표였습니다."
저의 이런 대답을 들은 대대장은 대수롭지 않다는 듯 피식 웃어 넘겼습니다.

솔직히 눈물 날 일 많았던 군 생활이었지만, 돌이켜보면 고난 많았던 군 생활의 최대 수혜자는 바로 저였다는 생각이 들었습니다. 이 군대라는 광야에서 당한 고난을 통해 제 자아가 깨지고 저를 더욱 온전케 하시려는 하나님의 섭리가 그 속에 있었음을 깨닫게 되었기 때문입니다.

　한때는 속으로 미워했지만 저를 힘들게 했던 고참들을 용서하고 제 마음에서 놓아준 지 이미 오래 되었습니다. 도리어 가끔 생각날 때마다 그들을 위해 기도하고 있습니다. 지난날의 가시채를 뒷발질하며 하늘을 거스르는 삶에서 벗어나, 이젠 주님 품으로 돌아와 하나님을 믿는 주님의 자녀로 살게 해 달라고.

Chapter 9

성경을 손에 든 괴짜 법대생

[시 119:97]

내가 주의 법을 어찌 그리 사랑하는지요 내가 그것을 종일 작은 소리로 읊조리나이다

솔직히 고백하자면, 원래 저는 목사가 되고 싶지 않았습니다. 비록 재수를 하긴 했지만 모든 일을 주의 인도하심으로 믿으며 '하나님의 법을 이 땅 위에' 구현하는 유능한 변호사가 되기를 원했습니다. 그러나 덕은동 기도회를 통해 만나 주신 주님은 저를 지명하여 주의 종으로 부르셨습니다. 처음엔 당황했고 순종의 마음조차 들지 않았습니다. 제 뜻대로 하고 싶은 버팀의 기간이 이어졌고 주님은 그러한 저를 책망하셨습니다. 이에 수다한 의문 부호가 꼬리에 꼬리를 물고 저를 따라다녔습니다.

'주님. 목사만 꼭 주의 종입니까. 법조인은 왜 주의 종이 아닙니까?'

'이러시려면 차라리 대학에 떨어뜨리시지, 왜 저를 이곳에 보내신 겁

니까?'

'신학교에 가려 했다면 진작 편하게 들어갈 수 있었는데, 쉬운 길을 두고 왜 저를 이토록 빙빙 돌리시는지요.'

마치 꿈과 목표를 잃은 것만 같았습니다. 얼마나 상실감이 컸는지 그토록 은혜로운 덕은동 기도회조차 이젠 그만 가야 하나 심각하게 고민할 정도였습니다. 이렇게 주님의 뜻과 제 뜻 사이에서 몇 달간 번민의 시간을 보냈습니다. 저는 이 문제만을 놓고 3일 금식을 3번이나 할 정도로 마음의 미련이 쉽게 놓아지지 않았습니다.

그러던 어느 날 제 인생의 최대 사건이 일어났습니다. 바로 아버지의 변화였습니다. 이것만큼은 절대로 불가능한 것으로 생각했던 일이 하나님의 능력으로 단숨에 해결되었습니다. 제 삶에 기적이 일어났던 것이었습니다. 성경말씀대로 '이전 것은 지나갔으니, 보라 새것이 되었도다!'라는 말씀이 아버지에게 온전히 성취되었습니다.

이 사건을 통해 막혔던 제 눈이 열리게 되었고 주님의 부르심의 의미를 비로소 깨닫게 되었습니다. 이 세상의 법으로는 결코 이룰 수 없는 '새 것' 됨이, 그리스도 예수 안에 있는 '생명의 성령의 법'을 통해 이루어진다는 것을 친히 목도하게 된 것입니다(롬8:2). 아버지의 회심 사건은 저에게 있어 주님의 사역이 얼마나 영광스럽고 또 풍성한 것인가를 확실하게 깨닫게 해 준 최고의 샘플이었습니다. 이에 저는 주님 앞에 순

 맨땅 개척 미라클 챌린지

복하였고 그 뜻을 따라 주의 종이 되기로 결심했습니다. 이후 군대라는 광야학교에서 겪은 고난을 통하여 '인내와 성숙'을 배우게 되었고, 전역 후 이어진 3년간의 대학 생활을 통해서 사역자의 길로 들어서기 위한 본격적인 빌드업, 즉 사역 준비 기간을 가질 수 있게 되었습니다.

저는 우선 학교에서 학과 공부를 마치고 나면 학교 옆에 있는 의료원에 가서 전도 활동을 하였습니다. 사실 그곳은 입대 전 1년간 안내 데스크에서 자원 봉사를 했던 장소였습니다. 다만 예전엔 자원봉사자의 신분이었다면, 이번엔 성경을 든 복음 전도자라는 차이점이 있었습니다.

오른손에 성경을 들었지만 처음 계획 없이 병실 앞에 섰을 땐 사실 머릿속이 하얗게 됐습니다. 어떻게 복음을 전할지 머릿속이 복잡했습니다. 그런데 막상 환자분들 앞에서 나오는 대로 입을 열어 복음을 전하면 의외로 반응이 좋았습니다. 기도를 부탁하시는 분을 비롯해서 병실까지 찾아와 줘서 감사하다는 분, 젊은 분이 참 선한 마음을 가졌다는 분 등등 의외의 덕담을 들었습니다. 어떤 분의 경우, 예수님을 믿겠다며 병상에서 직접 영접 기도를 하신 분도 있었고, 병원 전도를 통해 만난 어느 부잣집 청년은 제가 다니는 교회까지 따라와 성령 충만을 체험한 경우도 있었습니다.

대학 시절, 저는 여러 곳에서 과외 부탁을 받아 학생들에게 공부를 가르쳤습니다. 그런데 저는 겉으로는 과외 선생이었지만, 속으론 복음을 전하는 예수 선생이었습니다. 한번은 충암초등학교 근처에 사는 남자 초등학생 과외를 했던 적이 있었습니다. 선우라는 이름을 가진 학생이었는데, 초등학교 3학년 학생으로 유난히 눈빛이 반짝였던 상당히 총명한 아이로 기억합니다. 하루는 그 아이가 얼굴이 울상이 되어 왔길래 무슨 일이 있나 물어보았습니다. 그랬더니 아이는 붕대로 칭칭 감긴 발을 보여주었습니다. 그 붕대를 풀어 보니 그 조그만 발에 커다란 티눈이 셋이 올라와 있었습니다. 학교에서 친구들과 운동도 하고 뛰어 놀아야 하는데 발의 티눈 때문에 아파서 뛰지도 못하고 있는데다, 수술하려니 아직 나이가 어려 하지 못하고 있는 진퇴양난의 상황이었습니다. 그 얘기를 듣자마다 저는 곧장 아이에게 물어보았습니다.

"선우야. 너 예수님 믿지?"

"네, 선생님. 저 예수님 정말 믿어요."

"그럼 예수님께서 선우의 티눈을 고칠 수 있을까, 없을까?"

"네. 예수님은 제 티눈 고칠 수 있으셔요."

"그럼 우리가 예수님을 믿고 작정기도해서, 너의 발에 있는 티눈 고침받을래? 선생님이랑 같이 기도해 볼까?"

"네, 선생님. 그런데 작정기도가 뭐예요?"

"응. 작정 기도는 하나님 앞에 시간을 정해서 드리는 기도야. 선생님이랑 40일 작정 기도를 할 건데, 40일 동안 매일 시간을 정해서 그 시간만큼은 하나님께 꼭 기도를 드려야 돼. 선우는 아직 어리니까 매일 10

   맨땅 개척 미라클 챌린지

분씩 기도하자. 할 수 있겠니?”

“네, 선생님. 그럼 앞으로 40일 동안 매일 저녁 8시에 10분 동안 기도 드릴게요!”

그렇게 해서 선우 학생과 치유를 위한 작정 기도를 시작했습니다. 일주일 2번 40일의 과외 공부 동안, 수업 끝머리에 매번 아이의 발을 붙잡고 그 발에 있는 티눈을 고쳐 달라고 주님께 간절히 기도했습니다. 이때 저에게 희한한 현상이 나타났습니다. 눈을 감으면 환상이 열리며 아이 발의 티눈이 뽑혀 공중에 떠 있는 장면이 보이는데, 막상 눈을 떠 보면 현실은 여전히 발에 티눈이 그대로 있었습니다. 나중에 알고 보니 제가 경험한 건, 응답이 성취되기 전에 미리 예표로 주신 ‘믿음의 실상(휘포스타시스, 히11:1)’을 받은 것이지만, 영적 사역 경험이 없는 저로서는 원리를 몰라 고개만 갸우뚱 했습니다. 어쨌든 간절한 마음으로 작정 기도 내내 아이 발 치유를 위해 열심히 기도를 해 주었습니다.

드디어 작정 기도 마지막 날 40일째. 마음에 긴장감을 안고 벨을 눌렀더니 아이가 문을 열어 줬습니다. 어떻게 되었나 아이의 발 상태가 궁금했으나 최대한 고개를 숙이지 않고 눈만 아래로 내려 힐끔 쳐다보았습니다. 발의 붕대는 여전히 그대로 감겨 있었고 아이의 표정과 목소리 역시 시무룩했습니다. 40일째가 되었는데도 아무런 반응이 나타나지 않자 다소 실망이 된 것 같았습니다. 그날엔 저도 아이에게 무슨 말을 해야 할지 몰라 아이의 발을 붙잡는 치유 기도를 하지 않고 그냥 조용히 수업만 진행하였습니다.

그리고 며칠 후 다음 수업 날이 되었습니다. 집 앞에 서서 초인종을 눌렀는데 저 안쪽에서 아이의 "네~" 목소리와 함께 뛰어 나오는 소리가 들렸습니다. 문을 열자마자 아이는 제 앞에서 발을 위로 쭉 뻗어 올리더니, 양말을 확 하고 벗어 재끼면서 소리치듯 말했습니다.

"선생님. 티눈 귀신 날아갔어요~~"

저도 너무 놀라, 아이의 발을 붙잡고 자세히 들여다봤습니다. 정말 발에 있던 그 커다란 티눈 세 개가 거짓말같이 흔적도 없이 사라졌습니다. 이게 어떻게 된 것인지 연유를 물었습니다.

"선생님. 사실 제가 지난 40일 작정 기도 하는 동안 바쁜 일이 있어 두 번 작정 기도를 못 드렸어요. 그래서 지난번이 날짜는 40일인데 횟수로는 38번이였어요. 그래서 그렇게 빼먹은 이틀의 기도를 채우고 40일 작정 기도를 완성했는데, 그렇게 마지막 기도를 드리고 아침에 일어나 보니 제 발에 티눈이 모두 없어져 버렸어요!"

그러면서 아이가 말했습니다.

   맨땅 개척 미라클 챌린지

"선생님. 근데 저도 정말 신기한 체험을 했어요. 마지막 40일 작정 기도를 끝내고 눈을 감고 있는데 제 앞에 갑자기 빨간 하트 모양의 큰 풍선이 나타났어요. 그래서 그 큰 풍선에 올라탔는데 거기에 예수님이 계신 거예요! 너무 좋아서 예수님과 함께 둘이서 하트 풍선을 타고 온 사방을 여행을 했어요. 그렇게 예수님과 여행하고 난 뒤 기쁘게 잠이 들었는데, 아침에 자고 일어나 보니 발에 티눈 셋이 흔적도 없이 사라졌어요."

그렇게 하나님의 직접적인 치유를 눈앞에서 체험하게 되었습니다. 정말 너무나 기뻤고 주님께 진실로 감사했습니다. 우린 그날 과외공부 시간에 마음껏 찬양을 불렀습니다. 한 손은 아이의 발을 잡고, 한 손은 하나님을 향해 손을 올리며 시간 가는 줄 모르고 찬양을 올렸습니다.

"아버지 사랑합니다. 아버지 경배합니다. 아버지 채워 주소서, 당신의 사랑으로."

그 일이 있은 지 1년 후, 이번엔 홍제동에 있는 초등학교 여학생 과외를 하게 되었습니다. 그런데 다른 여학생과는 달리 이 여자아이는 무척 발음이 어눌했습니다. 어쩌다 그렇게 되었나 궁금하던 터에 어느 날 그 아이가 자기 사연을 말해 주었습니다.

"선생님. 제가요, 어릴 적에 할머니랑 같이 절을 다녀온 적이 있는데요. 절에서 할머니가 저더러 불상 앞에 절을 하라고 했어요. 그래서 절을 했는데, 근데요. 제가 절에 갔다 오고 난 다음 어느 날 제 혀가 이렇게 뭉툭하게 됐어요. 그리고 제 발음이 이렇게 나쁘게 됐어요."

그러고 보니 저도 뭔가 이상한 게 느껴졌습니다. 컨디션이 괜찮다가도 이상하게 이 집에 들어만 오면 급격하게 피곤해지는 것이었습니다. 뭔가가 저를 피곤하게 누르는 것 같았습니다. 그러던 어느 날 쉬는 시간에 피곤하여 잠깐 눈을 감았는데, 집에 부엌 식탁 위로 삿갓을 쓴 귀신이 있는 것이 보였습니다. 아무래도 뭔가 이상하다 싶어 슬쩍 그 집 이 방 저 방을 둘러보니, 방 입구마다 커다란 부적들이 붙어 있었습니다. 이렇게 부적이 많이 붙어 있는 집은 처음이었습니다.

왜 이토록 많은 부적이 집에 붙어있는지 사연을 알고 보니, 여학생의 오빠가 중학교 다니면서 많은 문제를 일으키는 이른바 비행 청소년이었습니다. 심지어 인근 파출소 '문제아' 명단에 그 이름이 등재돼 있을 정도로 심각한 상태였습니다. 이런 일을 처음 겪어 본 그의 어머니는 당황한 나머지 무당을 찾아갔고, 갈 적마다 무당은 부적을 써 주었습니다. 그렇게 받아온 부적과 복주머니, 부채 등 합치면 대략 500만 원 이상은 될 것이라 했습니다. 한마디로 영적 무지와 귀신의 눌림이 가득한 집안이었습니다. 그래서 하루는 과외공부를 조금 앞당겨 끝내고

   맨땅 개척 미라클 챌린지

어머니와 여학생, 그 여학생 오빠를 불러 일종의 가정 부흥회를 열었습니다.

"효준이 어머님. 지금 아이 오빠가 이렇게 된 건 하나님의 역사가 아닙니다. 하나님은 좋으신 하나님이십니다. 지금 일어나는 나쁜 일은, 나쁜 마귀가 아이 오빠에 달라붙어 사고 치게 하고, 폭력을 행하도록 만드는 것입니다. 더구나 이 부적들이 큰 문제라는 걸 어머니는 아셔야 합니다. 물론 어머님은 알고 그런 게 아니라 속은 것이지만, 이 부적으로 인해 아이 오빠에게 귀신이 더 들어온 것입니다. 부적은 마귀의 표시입니다. 집안에 부적이 붙어 있는 한 하나님은 결코 아이 오빠에게 역사하시지 않습니다."

"우선 마귀의 상징물인 이 부적부터 먼저 떼시고, 하나님 앞에 회개하십시오. 하나님을 몰랐던 죄를 회개하시고, 무당에게 찾아가 점괘를 본 죄를 회개하십시오. 그리고 그동안 멀리 떠났던 하나님 품으로 나오시기 바랍니다. 예수님의 피에 의지하여 모든 죄를 회개하십시오!"

저의 모든 말을 들은 아이 어머니는 그 집에 있는 무속과 관련된 용품들을 모조리 떼어서 저에게 주었습니다. (그날 저녁, 부적들을 비롯한 일체 무속 집기물들을 우리 집 뒷마당에서 모두 태워 버렸습니다) 그렇게 저는 아이 어머니의 믿음을 확인한 후, 방언으로 강력하게 기도를 시작했습니다. 특히 무속과 무지로 인해 온 집안이 범한 우상숭배의 죄에 대하여 대표해서 주님께 사죄의 기도를 드렸고, 그동안 집안 온 식구를 속인 악한 마귀를 꾸짖는 기도를 강력하게 했습니다. 감사한건, 기도회를 마친 그날 어머니를 비롯한 가족 일동이 주님 품으로 돌아오게 된 사실입니다. 그리고 예수님을 믿고 교회 다니기로 결심까지 했습니다. 그래서 저는 그 가정을 부모님 다니시는 제 모 교회로 연결시켜 주었습니다.

그로부터 몇 년 후, 하루는 길에서 과외를 가르쳤던 그 여자아이를 만났습니다. "선생님~" 하며 반갑게 인사하는 아이의 소리를 듣고 속으로 놀랐습니다. 왜냐면 많이 어눌했던 여자아이의 발음이 전보다 훨씬 또렷하고 분명하게 변화되어 있었기 때문입니다. 주님께서 아이의 뭉친 혀를 풀어 주신 '에바다'의 은혜를 공급해 주신 것이었습니다. 할렐루야!

대학 시절은 보통 캠퍼스의 낭만을 꿈꾸는 시기입니다. 그러나 저는 사람들과의 만남을 최소화했습니다. 학교에선 밥도 대부분 혼자 먹었습니다. 이미 지난날 충분이 세속적인 시간을 보냈고 이젠 주님과 더 가까워지길 원했기 때문입니다. 학교의 전공 수업을 들을 때조차 제 손엔 법전이 아닌 성경이 들려 있었습니다. 쉬는 시간엔 법대 건물 안 법향 휴게실 저 끄트머리에 앉아 성경을 읽고 기도하며 지냈습니다.

그러던 어느 날 노동법 수업 시간에 어느 교수님이 말을 꺼냈습니다.

 맨땅 개척 미라클 챌린지

"여기 학교에도 그런 괴짜 같은 학생이 있죠? 왜, 법대 다니면서 법 공부는 안 하고 손에 성경책 들고 다니는 그런 학생 말이에요."

순간 수업 받는 학생들이 일제히 절 쳐다보면서 까르르~~ 웃는데 깜짝 놀랐습니다. 제가 학과 내에 그렇게 유명한 괴짜 인사인지 그제야 비로소 알게 되었습니다. 하긴, 성경을 배울 거면 차라리 신학교에나 갈 것이지 대체 여긴 왜 왔는지 그들 입장에선 궁금했을 것입니다.

어쨌든 저는 대학기간을 지나며 의료원 전도를 비롯해 기도, 말씀, 성령, 치유 등 사역자로서 갖추어야 할 중요한 준비를 해 놓은 셈이 되었습니다. 그리고 그땐 몰랐지만, 시간이 지나면서 마치 기도원 생활 같았던 제 평범치 않은 대학생활의 이유를 깨닫게 되었습니다. 왜냐하면 대학 졸업반 말미에 갑작스레 교회에 분열이 생기고, 그게 곧장 교회 개척까지 이어지면서 생각지도 않은 개척자의 길을 걸어가야 했기 때문입니다. 교회 개척을 시작하고 나서야 비로소 저를 이 길로 인도하신 주의 뜻을 깨달을 수 있었습니다.

특히 대학 졸업장 말고는 별 쓸모 없다고 생각했던 대학에서 배운 법적 지식이 의외로 교회 개척에 있어 유용한 도구가 되었다는 것을 말씀드리고 싶습니다. 교회 행정을 하면서 나름의 큰 비용 지불이 필요한 부동산 등기 업무부터 법원 경매, 여러 소송 업무들까지 대부분의 일을 셀프 처리하여 행정 비용을 최소화했습니다.

더구나 덕은동 개척을 시작할 때 외관상 너무 초라한 건물에도 불구하고 여러 성도가 우리 교회에 정착하게 된 주요 동기 역시, 제가 제공한 법적 도움이 많은 부분을 차지했습니다. 물론 전적인 무임봉사였지만 말입니다. 솔직히 법 전문가들에 비해 너무나 미력하지만 이것만으로도 교회 개척과 성도 정착에 나름 중요한 해결사 역할을 한 것을 보면서 하나님은 정말 '실수가 없으신 분'이라는 것을 다시 한번 깨닫지 않을 수 없었습니다.

앞으로 제게 한 가지 소망이 있다면, 우리나라 법조인들에게 복음을 증거하는 것입니다. 세상에서 지혜 있고 영향력 있는 자들이 주의 복음으로 변화되고 무장된다면, 이들만큼 하나님 나라의 좋은 일꾼들로 쓰임을 받게 될 자들이 또 없기 때문입니다. 나라 안팎으로 혼란과 불법이 난무한 이때, 하나님의 법으로 무장된 선하고 능력 있는 법조인들이 많이 배출되어 정의를 물 같이 공의를 하수같이 흐르게 하는 복된 나라가 세워지기를 꿈꾸며 소망합니다.

제3부

◆

개척, 그리고 생존을 위한 몸부림

Chapter 10

바람에 날린 민들레씨 개척

[잠 16:9]

사람이 마음으로 그 길을 계획할 지라도 그 길을 인도하시는 이는

여호와시니라

[롬 8:28]

우리가 알거니와 하나님을 사랑하는 자 곧 그의 뜻대로 부르심을

입은 자들에게는 모든 것이 합력하여 선을 이루느니라

군대를 제대한 후 이내 정든 모 교회를 떠나게 되었습니다. 고향 같은 교회를 떠나려 하니 많은 아쉬움이 남았지만, 목회자로 부름을 받은 이상 한 번은 겪어야 할 일이었기에 결국 마음을 정하게 되었습니다. 담임목사님 역시 제 뜻을 존중해 주시며 기도와 축복으로 보내 주셨습니다.

새로 출석하게 된 교회는 고양시 덕양구의 한 장로교 교회였습니다.

100명 정도의 성도들이 모이는, 건물은 다소 낡았지만 제법 넓은 주차장을 가진 교회였습니다. 그곳에서 제 영적 어머니이자 스승님이신 김광자 목사님께서 청년부 사역을 담당하고 계셨습니다. 그리고 군대 시절 선임병이었던 정중교 형제도 먼저 전역을 해서 저의 합류를 기다리고 있었습니다. 김목사님께서 청년부에 부임하시고 또 군에서 전역한 저와 정중교 형제가 합류하면서 교회 청년부가 예전보다 더 활기를 띠게 되었습니다. 성가대도 활성화되었고 찬양팀도 새롭게 조직되었습니다. 그동안 주로 어르신들만 모였던 교회가 갑자기 젊은 청년들이 북적이고 적극적으로 활동을 하니 교회의 여러 어른들이 많이 좋아해 주셨습니다. 맛있는 음식도 대접해 주셨고 활동 지원도 아낌없이 해 주셨습니다. 함께 청년부 활동을 한 청년들 간에도 서로 마음이 잘 맞아 그 무렵 은혜롭고 재미있는 시간을 보냈습니다.

그러던 어느 날, 뜻하지 않은 일이 생겼습니다. 인근 지역이 재개발 부지로 선정이 됐는데 우리 교회도 여기에 포함이 된 것이었습니다. 얼마 후 보상금 책정 소식이 전해졌는데 앞으로 대략 10억 원 정도의 보상금을 받게 될 것이라는 내용이었습니다. 솔직히 교회 입장에선 감사한 일이었습니다. 왜냐면 그동안 교회 건물이 많이 낡았어도 형편상 손을 못 대고 있었는데 이번 보상으로 새로운 기회가 생겼기 때문입니다. 그런데 교회에 보상금 소식이 전해지자 교회 내 분위기가 이상하게 바뀌었습니다. 화목했던 기류가 물러가고 여기저기서 잡음이 들려오기 시작했습니다. 시간이 지날수록 소음은 더 심해져 어느덧 교회 내 파당이 생겨났고 음해성 낭설이 번져 갔습니다. 마귀란 놈이 어느새 성도들 마음의 욕심을 틈타 교회 안으로 들어온 것 같았습니다.

그러던 어느 주일, 사건이 터졌습니다. 예배 도중에 진짜 싸움판이 벌어지고 말았습니다. 고성, 욕설, 멱살잡이, 심지어 성도 간 폭력까지. 모 교회의 20년 신앙생활 가운데 한 번도 보지 못한 진풍경(?)을 보게 되었습니다. 한참 싸우던 도중, 삐익~ 하는 호각 소리에 순간 싸움이 멈추었습니다. 누군가의 신고를 받은 경찰이 예배당까지 들어와 성도 간의 싸움을 멈춰 세운 것이었습니다. 솔직히 저는 이때, 여기 교회의 교인이라는 사실이 참 부끄러웠습니다.

결국 교회는 목사파와 장로파 두 쪽으로 완전히 갈라서게 되었습니다. 주일 오전 11시만 되면 교회는 한 지붕 두 가족이 되었습니다. 목사파는 본당에서, 장로파는 학생부실에서 각각 예배를 드렸습니다. 불과 얼마 전까지만 해도 함께 웃으며 좋은 관계로 지냈는데 돈이 개입되는 순간 거짓말같이 원수지간이 되어 그 누구보다 더 무섭게 싸우게 되었습니다. 이 모습에서 저는 우리 자신이 얼마나 돈 앞에서 무기력하고 변질되기 쉬운 존재인가 새삼 깨닫게 되었습니다.

양측의 긴 대립 끝에 결국 소속 노회의 중재가 이루어졌습니다. 돈 문제로 인한 대립인 만큼, 노회 중재 하에서 최대한 공정하게 보상금을 배분하기 위함이었습니다. 최대 현안인 보상금 분배 기준은, 당일 공동의회에 참여한 교인 명수로 정했습니다. 그런데 공동의회가 있던 당일, 목사파 측에서 꼼수(?)를 동원했습니다. 그간 교회에서 한 번도 본 적 없는 타교인 세 사람이 목사파 측 자리에 앉아 있던 것이었습니다. 이를 본 장로파에서 즉각 이의를 제기했습니다. 그러자 노회 사회자 목사님은 말했습니다.

"거기 세 분, 자리에서 일어나세요. 그리고 오른손을 들고 선서하세요."
그리고는 질문을 했습니다.
"여러분들은 정말 현재 ○○교회 성도인 것을 하나님 앞에 약속할 수 있습니까?"
그들은 모두 **작은** 소리로 대답을 했습니다.
"네."
그러자 사회자 목사님이 말씀했습니다.
"네. 이로서 저들 세 명을 ○○교회 교인으로 인정합니다. 장로교 헌법 가운데 최고법은 '양심의 법'입니다. 이들이 하나님 앞에서 '양심 선언'을 한 이상, 우린 이 양심의 법을 의지하여 그들을 여기 교회 성도로 인정해 줄 수밖에 없습니다."

난생 처음 '노회 중재' 상황을 경험하였는데, 이런 뻔한 거짓말도 양심법으로 받아들일 수 있다는 사실에 저는 더욱 놀랐습니다. 어쨌든 노회 목사님의 추인으로 목사파 측에 3명이 추가되어 참석 인원의 비율대로 55:45로 나뉘었습니다. 보상금 총 10억 가운데 목사파 총 5억 5천, 장로파 4억 5천의 비율로 돈을 나누기로 하고 회의가 마무리 되었습니다.

노회 중재가 있던 바로 다음 주일, 장로파 측은 본 교회에서 나와 다른 장소로 옮겨 예배를 드리게 되었습니다. 제가 소속된 청년부도 장로파에 속해 있었기 때문에 그들과 함께 나오게 되었습니다. 본래 장로파 인원은 약 40~50명 정도였으나 교회가 분열되고 다른 곳으로 옮기는 과정에서 10명가량의 성도가 이탈하였고, 이후 30명 정도가 인근 행신동 상가에 모여 새롭게 교회를 시작하게 되었습니다. 이땐 분열 사태를 겪은 직후라 정식 담임목사님이 없었고, 노회에서 파송된 어르신 목사님(대리 당회장)을 모시고 예배를 드리며 조금씩 자리를 잡아 나가는 중이었습니다.

그렇게 새로 교회를 시작한 1년 정도 된 시점, 교회에 중요한 결정을 앞두게 되었습니다. 어떤 분을 담임목사님으로 세울 것인가를 정하는 '담임목사 선임 투표'를 실시하게 된 것입니다. 당시 담임목사 후보는 세 분이었으나 지지는 주로 두 갈래였습니다. 저를 비롯한 청년들은 그래도 우리 교회와 인연이 있는 목사님이 오시는 게 좋겠다는 의견이었고, 반대로 장로님들의 생각은 기왕 교회를 새롭게 시작하는 마당이니

   맨땅 개척 미라클 챌린지

오히려 새로 오신 목사님이 좋겠다는 의견이었습니다. 얼마 후 공동의회가 열렸고, 선임 투표 결과 장로님 측 의견이 최다 득표를 얻어 새로운 담임목사 청빙이 확정 되었습니다. 그런데 그렇게 공동의회가 끝난 직후, 당회로부터 긴급 호출이 왔습니다. 청년 대표 자격으로 제가 당회에 들어갔는데, 한 장로님께서 회의 결과를 제게 통보하셨습니다.

"서충은 청년. 아시다시피 이번 담임목사 투표 결과에 따라 다음 주일부터 우리 교회에 새로운 목사님이 오시게 됐습니다. 그래서 말인데, 우리 당회에서는 이번 투표에 있어 반대편 후보를 밀은 청년부 일행을 우리 교회에서 내보내기로 결정했습니다."

"그래도 우리 교회가 여태껏 오는 동안 여러모로 애쓴 청년부를 그냥 빈손으로 내보낼 순 없어 **천만 원**을 줘서 보내기로 했어요. 그런데 아직까지 토지 보상금을 받기 전이라 사실 교회가 돈이 없습니다. 매달마다 나눠서 보내 드릴 건데 계좌번호를 알려 주시면 그 통장 계좌로 매달 50만 원씩 2년간 보내 드리겠습니다. 그 돈으로 개척을 하든, 다른 교회를 가든 알아서 하세요. 단, 다음 주부턴 우리 교회에 나오지 마세요."

정말… 살다 보니 교회에서 쫓겨나는 일도 다 겪게 되었습니다. 예전에 교회 안에서 분열이 생겨 한창 목사파, 장로파로 싸울 땐, 싸우는 것 자체가 견디기 힘들어 주일 오후에는 인근 초등학교 등나무교실에서 예배를 드리곤 했습니다. 그래도 그땐 그나마 소속된 교회라도 있었습니다. 그런데 이젠 정말 갈 곳도 없는 신세가 되었습니다. 참으로 서글 펐고 처량 맞았습니다.

다니던 교회에서 쫓겨난 바로 다음 주일, 갈 곳 없는 몇몇 청년들이 주일 아침에 함께 모였습니다. 그리고 다짜고짜 김광자 목사님이 계신 덕은동 사택으로 쳐들어갔습니다. 갑작스레 몰려든 청년들을 보고 목사님은 깜짝 놀라셨습니다.

"어머, 니들이 다 여기에 웬일이야?"
"목사님 보고 싶어서 왔죠. 우리 쫓겨났는데, 솔직히 저희들 어디 갈 데도 없잖아요."

그렇게 쫓겨난 청년들, 그리고 김광자 목사님과 남편 정대환 장로님 이 함께 사택 거실에 모여 예배를 드렸습니다. 그렇게 주일 예배를 마친 후 모인 자리에서 누군가 말했습니다.

"자자. 여기 목사님도 계시고, 장로님도 계시고, 청년 성도들도 있으 니 기왕 이렇게 된 거, 차라리 우리끼리 이렇게라도 교회를 시작해 보면 어떻겠습니까?"

　　　　　　　　　　　　　　맨땅 개척 미라클 챌린지

그 말에 함께 모인 모두가 화답했습니다.

"와! 아멘. 좋아요. 너무 좋아요~ 그럼, 오늘부터 개척 시작?"

이렇게 해서 우리 교회의 '어쩌다 개척'이 시작되었습니다. 이때가 제 나이 28살. 마치 바람에 날린 민들레씨처럼 힘없이 날아간 덕은동 땅 위에, 이렇게 해서 능력교회 개척이라는 작은 씨앗이 심겨지게 되었습니다.

Chapter 11

중고 판넬로 지은 첫 성전

[사 62:4]

다시는 너를 버림 받은 자라 부르지 아니하며 다시는 네 땅을 황무
지라 부르지 아니하고 오직 너를 헵시바라 하며 네 땅을 뿔라라 하
리니 이는 여호와께서 너를 기뻐하실 것이며 네 땅이 결혼한 것처
럼 될 것임이라

누구나 아는 사실이지만, 교회를 개척한다는 건 결코 만만한 일이 아
닙니다. 섣불리 시작했다간 영락없이 실패하기 마련인 게 교회 개척입
니다. 그렇기에 보통의 경우 개척을 시작할 때는 신중하게 준비를 해
서 시작합니다. 개척할 장소에 대해서도 알아보고, 함께 동역할 사람
도 모으고, 주변 분들에게 조언도 받아가며 차근차근 계획을 세웁니
다. 특히 물질에 관한 건 더욱 중요한 부분이라, 일정 기간 사례비를 지
원받을 수 있는 교회나 후원자에 대한 방안을 마련해 놓고 시작하는 것
이 통상적인 교회 개척의 준비 과정입니다. 그러나 저희 교회의 경우
에는 준비라는 것 자체가 있을 수 없었습니다. 갑자기 교회에서 쫓겨

난 자들이 모여 시작한 개척이니 아무런 준비 없이 시작할 수밖에 없었던 것이었습니다.

처음 몇 달간은 김광자 목사님 사택에서 예배를 드렸습니다. 그래서 제일 먼저 해결해야 할 과제란 독립된 예배 공간의 마련이었습니다. 할 수만 있다면 인근 상가를 임대해 교회를 시작하고 싶었습니다. 문제는, 우리 개척 멤버 대부분이 대학생이거나 사회 초년생이었습니다. 아무리 봐도 매달 청구되는 임대료를 감당하기가 쉽지 않을 것 같았습니다. 어떡하든 최대한 임대료가 들지 않는 방법으로 교회 개척을 시작해야 했습니다.

그런데 마침 예비된 은혜가 있었습니다. 덕은동 목사님 사택 앞마당에는 몇 년째 비바람을 맞으며 방치된 판넬들이 있었습니다. 예전에 이곳 빈 땅에 창고를 만들어 월세라도 받으려고 했던 것인데 당시 이웃 주민들의 반대로 무산되어 그대로 오랜 기간 방치되어 온 판넬이었습니다. 많이 허름하긴 했지만 우선 이거라도 활용하여 건물을 지어 개척을 시작하기로 했습니다.

문제는 시작부터 돈이었습니다. 판넬을 세우는 데도 조립비 견적만 300만 원이 나왔습니다. 안타깝게도 당시 우리의 주머니 사정은 이정도의 금액조차 지불할 여력이 되지 않았습니다. 고민 끝에 저는 논산 훈련소에서 정훈장교로 복무하고 있는 친구 류큰샘을 찾아갔습니다. 우린 고등학교 시절부터 세상 둘도 없는 친구로 지낸 그런 사이였습니다.

"야. 큰샘아. 나 지금 논산 가는 기차 탔다. 오랜만에 니 얼굴 좀 보고 싶어서."

가벼운 이야기 같으면 전화로 하면 될 것을, 굳이 논산까지 찾아온다는 것을 보니 뭔가 어려운 이야기가 나오리라 예상을 했다고 합니다. 친구를 만나 그간 겪은 일을 소상히 얘길 했습니다. 어떻게 해서 교회를 개척하게 되었는지, 왜 지금 돈이 급하게 필요한지, 현재 우리 사정이 어떠한지. 그리고 이야기 맨 끝에 어렵사리 돈 이야기를 꺼냈습니다.

"그래서 큰샘아, 지금 딱 300만 원이 필요한데… 혹시 300만 원만 좀 빌려줄 수 없겠냐?"

그런데 제 이야기를 다 들은 친구는 의외의 반응을 보였습니다.

"뭐? 3백만 원이라고? 그거 참 다행이네. 혹시 난 3천만 원이면 어쩌나 했는데… 걱정 마, 충은아. 금방 보내 줄게."

친구는 도리어 제게 농담을 건넸습니다. 그리고 정말 바로 돈을 보내 주었습니다. 그렇게 친구에게 빌려온 돈은, 우리 교회의 채무 상환 능

  맨땅 개척 미라클 챌린지

력의 부재로 인해 결국 자동(?) 헌금이 되고 말았습니다.

이렇게 해서 교회 개척을 시작할 첫 예배 처소가 마련되었습니다. 비록 오랜 기간 비바람을 맞아 낡고 찌든 중고 판넬 건물이었지만, 세워 보니 그래도 30평 정도 되는 제법 큰 건물이 되었습니다. 얼마 전까지 예배드릴 곳이 없어 초등학교 등나무교실에 모였다가, 나중엔 그마저도 교회에서 쫓겨나 사택 거실에서 예배를 드린 우리였습니다. 비록 낡은 무허가 건물이긴 했지만, 그래서 혹시나 항공 촬영에 걸릴까 건물 전체를 검은 차광막으로 꽁꽁 감싸는 바람에 몇 달간은 창문조차 열지 못한 채 지낸 건물이었지만, 그래도 감사했습니다. 예배드릴 공간 주심에 감사했고, 개척을 시작케 하심에 감사를 드렸습니다. 첫 시작치고는, 이 정도도 과분하다는 생각이 들었습니다.

그렇게 건물이 세워진 후 우리 개척 멤버들은 각자 자기의 자리에서 '과부의 두 렙돈'을 주님 앞에 드렸습니다. 우선 개척교회 초대 담임이신 김광자 목사님께서 제일 먼저 건축 헌금을 드리셨습니다. 젊은 시절부터 모아 둔 패물 주머니를 팔아 드린 헌금이었습니다. 저의 경우, 특별히 모아 둔 돈이 없었기 때문에 우선 집에 있던 제 중고 피아노를 팔아 헌금을 드렸습니다. 그러다 약간의 잔머리(?)를 굴려 우선 부모님께 받은 신대원 등록금을 개척 헌금으로 먼저 내고, 이후 학자금 대출을 받아 학원에서 강의를 하며 차근차근 갚아 나가는 방식으로 개척 헌금을 마련했습니다. 특히 청년부원 가운데서 유은아 자매가 큰 헌신을 했습니다. 그간 직장 생활 가운데 최선을 다해 아껴 쓰며 모아둔 천만 원 상당의 적금 통장을 통째로 개척 헌금으로 드렸습니다.(이 자매님은 이후로 정중교 부목사님의 사모가 되었습니다) 그리고 개척 초기 교회 화장실이 없어 사택 화장실을 공용으로 쓰며 불편함 속에 지내던 때, 심상현 형제가 아르바이트로 모은 헌금을 드림으로 교회 화장실이 비로소 만들어지게 되었습니다. 이렇듯 개척에 참여한 청년들과 성도들이 주님께 드린 헌금들이 조금씩 모여졌고 그 돈으로 예배당에 비치할 강대상, 장의자, 음향시설, 성찬기 등 교회 용품을 구입했습니다. 물론 대부분 중고용품이었지만 말입니다.

개척 당시 우리 교회 슬로건은 '일단 몸으로 때운다'였습니다. 가진 것이라곤 튼튼한 몸뚱이뿐이었기 때문에 필요한 거의 대부분의 공사를 손수 해냈습니다. 여기엔 특히 정중교 형제와 유진아 자매가 두각을 나타내었습니다. 외벽 보드 공사를 시작으로, 강단 제작, 교회 천장 공사, 부엌 바닥 난방 공사 등 교회에 필요한 무수한 공사들이 우리 손을 통해 직접 이루어졌습니다. 물론 전문 기술이 없는 풋내기들이라 시행착오도 많았고 실수도 잦았지만 말입니다. 심지어는 야간에 천장 작업을 하다 새벽 3시를 넘기기도 했습니다.

2007년 7월 14일. 고양시 덕양구 덕은동 9-33번지 중고 판넬 건물 예

   맨땅 개척 미라클 챌린지

배당에서 드디어 감격스러운 첫 창립 감사 예배를 드렸습니다. 개척이라는 당면한 현실은 어렵지만, 하나님의 나라는 말에 있지 아니하고 오직 능력에 있음을 믿으며(고전4:20), 어떤 견고한 진도 무너뜨리는 하나님의 능력(고후10:4)이 나타나는 교회가 되고자 하는 소망을 담아 '능력교회'라는 이름으로 시작하게 되었습니다.

이때 당시 제 신분은 총신 신대원 입시를 준비하는 대학 졸업반의 청년이었습니다. 더구나 개척 교회 초대 담임이신 김광자 목사님의 나이는 무려 64세였습니다. 다른 분 같으면 은퇴를 고려할 나이에 개척을 시작하시다니. 그것도 돈도, 경력도 없는 20대 풋내기들 몇 명을 데리고서. 더구나 외부 교회 지원이나 개인 후원 하나 없이. 지금 와서 돌이켜보면 그때 당시 우리들의 믿음이란 용기의 수준을 넘어서 거의 만용(?)에 가까웠던 것 같습니다. 소위 '맨땅 헤딩' 개척의 롤 모델이 바로 우리 교회가 아니었나 하는 생각도 듭니다. 어쨌거나 이렇게 해서 우리 능력교회 호는 닻을 올리고 개척이라는 미지의 바다를 향해 본격적으로 항해를 시작하게 되었습니다.

Chapter 12

오늘 밤도 이렇게 울다 잠이 든다

[시 56:8]

나의 유리함을 주께서 계수하셨사오니 나의 눈물을 주의 병에 담으소서 이것이 주의 책에 기록되지 아니하였나이까

한 가지 고백할 사실이 있습니다. 교회 개척을 하고난 다음 석 달을 채우지 못하여, 저는 개척을 포기하려 했습니다. 마치 다시스로 도망한 요나처럼 홀로 도망치려고 했습니다. 솔직히 이런 식의 교회 개척은 제가 원하던 바가 아니었습니다. 대학 졸업반이었던 저는 내심 미국 유학에 대한 소망을 품고 있었습니다. 그런데 제 뜻과는 무관하게 잘 다니던 교회에서 갑자기 분열사태가 났고, 나중엔 반쪽 난 교회에서 마저 쫓겨나 결국 교회 개척까지 이르게 된 것입니다. 한마디로 계획 없이 떠밀려 시작된 개척인 셈입니다. 속으론 그간 꿈꿔 왔던 유학을 가지 못한 상황이 못내 아쉬웠습니다. 그런데다 개척을 시작하는 장소가 덕은동이라는 낙후된 그린벨트 지역이었습니다. 이런 준비 없는 주먹구구식 개척이 과연 잘하는 것인가에 대한 지속적인 의문이 들었습

니다. 가뜩이나 교회 개척에 확신도 없는 데다 교회에 이런저런 일들을 도맡아서 하다 보니 시험이 자주 찾아왔습니다. 별것 아닌 것에도 마음이 흔들리고 서운함이 틈타곤 했습니다.

그러던 어느 날 김광자 목사님과 서로 언쟁이 있었습니다. 생각해 보면 별 일이 아니었는데 그 당시는 억울했고 화가 났습니다. 며칠을 끙끙 앓다가 결국 사택을 찾아갔습니다. 그리고 목사님께 능력교회를 그만두겠다고 통보를 했습니다. 이때가 창립 예배를 드린 지 불과 두 달 정도 지났을 무렵이었습니다. 제 말을 들은 김목사님 역시 내심 속상하신 것 같았지만 그렇다고 저를 대놓고 말리지는 못했습니다. 교회를 떠나기로 통보한 당일, 그만두기 직전에 그래도 마지막으로 개척한 교회 안으로 들어가 기도를 드렸습니다.

'아버지. 어쩌다 여기까지 떠밀려 이곳 덕은동에 개척을 했습니다. 그러나 주님. 저는 더 이상 여기 있고 싶지 않습니다. 하나님. 이제 저는 마음을 정했습니다. 김목사님께도 그만둔다고 말씀을 드렸습니다. 앞으로 저는 다른 곳에 가서 사역하겠습니다⋯.'

그렇게 입만 달싹이며 기도를 하고 있었는데 갑자기 제 마음 가운데 불현듯 준엄한 음성이 들려왔습니다.

"지금 네가! 교회를 개척해 놓고 어디를 간단 말이냐! 넌 그렇게 책임 감도 없느냐!"

오~ 주여! 난생 처음, 노여움이 담긴 주님의 음성을 들었습니다. 주님께 직접 혼이 난 것이었습니다. 순간 많이 놀랐고 어안이 벙벙했습니다. 내가 뭔가 잘못 들었나, 예배당을 두리번거렸지만 아무도 없었습니다. 분명한 주님의 음성이었습니다.

그러나 이것을 통해 중요한 깨달음을 얻었습니다. 그저 상황에 떠밀려 시작한 줄 알았던 우리의 교회 개척이, 알고 보니 그 안에 하나님의 뜻이 담겨 있었습니다. 또한 겉으론 이토록 초라하고 보잘 것 없는 교회 건물이지만 이 안에 하나님이 정말 우리와 함께하고 계셨습니다. 비록 어리석은 결정을 내려 주님께 직접 혼이 났지만 이 꾸지람은 도리어 마음에 평안과 확신을 주었습니다. 개척을 하면서 가졌던 모든 회의감과 의심들, 그리고 모든 섭섭함들이 물러가는 은혜를 누리게 되었습니다.

그 즉시 저는 믿음 없는 제 모습을 주님 앞에 회개했습니다. 그리고 김목사님께도 다시 찾아가 사과의 말씀을 드렸습니다. 목사님도 내게 미안해하셨고 또 고마워하셨습니다. 이후로 18년이 지난 오늘날까지 아무리 교회가 어려워도 단 한 번도 다른 곳에 기웃거리거나 곁눈질한 적이 없었습니다. 물론 절더러 오라고 한 데도 없었지만 말입니다.

이렇듯 주의 뜻을 분명히 깨닫고 시작한 개척이었지만, 역시나 현실의 벽은 만만치 않았습니다. 일단 우리가 교회를 시작한 덕은동은, 30년 이상 그린벨트로 묶인 80년대 시골 같은 곳이라 입지적 기준에서 보면 한마디로 개척 험지였습니다. 더구나 우리 교회가 세워진 곳은 마을 중심에서 동떨어진 외진 곳이었습니다. 간신히 차 한 대 지날 정도로 좁다란 골목길 속 언덕 중턱에 위치해 있었습니다. 마치 '숨은 교회 찾기' 같아 보였습니다. 더 큰 문제는 그렇게 힘들게 찾은 교회 건물이, 보는 사람의 마음을 더욱 심란하게 만들었다는 사실입니다. 한번은 불광동 학원에서 강의하다 만난 학생들을 우리 교회로 데려온 일이 있는데, 그 아이들이 우리 교회 건물을 보자마자 눈이 휘둥그레지면서 소리치듯 말을 했습니다.

"선생님, 설마… 지금 저희를 납치하려는 건 아니시죠?"

덕은동 성전

　문제는 이뿐만이 아니었습니다. 우린 교회를 개척하자마자 교회 차량으로 쓸 스타렉스부터 구입했습니다. 먼저 다니던 교회에서 우릴 내보낼 때 약속한 그 '월 50만 원'을 믿고서 말입니다. 그런데 한 서너 번 정도 보냈을까. 어느 날 그쪽 교회에서 연락이 왔습니다. 들어 보니 지금 자기네 교회 형편이 많이 어렵게 되어 '월 50만 원' 지급을 나중으로

　　　　　　　　　　　　　　　맨땅 개척 미라클 챌린지

미뤄야겠다는 내용이었습니다. 그 소식을 들으니 정말 하늘이 노래졌습니다. 교회에 돈은 없지, 차량할부는 내야 하지. 매달마다 어김없이 찾아오는 할부 대금을 갚느라 얼마나 애를 먹었는지 모릅니다. 사정이 이렇다보니 목회자 사례비는 그저 희망 사항에 불과했습니다. 도리어 돈을 벌어서라도 교회에 보태야 하는 형국이었습니다. 결국 별다른 방법을 찾지 못해 하는 수 없이 학원 강의 알바를 뛰게 되었습니다.

총신 출신의 목사님들은 다 아시겠지만, 총신 양지캠퍼스 신대원의 첫 수업은 오전 8시부터 시작합니다. 그래서 우리 학교엔 '총신 고등학교'라는 별명이 있습니다. 기숙사에서 생활하는 원우에게는 별 문제가 아니겠지만, 덕은동에서 양지까지 매일 통학을 해야 하는 저로서는 8시 수업은 보통 버거운 일이 아니었습니다. 매일 새벽 4시 반에 일어나 출발. 5시에 버스를 타고 지하철로 환승. 6시 30분 사당역 도착. 다시 학교 셔틀 버스를 타고 7시 반 신대원에 도착. 오전 8시부터 수업 시작. 오후 3시에 수업이 끝나면 바로 셔틀버스를 타고 상경. 5시부터 밤 11시까지 학원 강의. 집에 오면 12시. 밤참 먹고 누우면 새벽 1시. 또 다음날 새벽 4시 반 기상.

이것이 3년간 저의 신대원 생활의 기본 루틴이었습니다. 이렇게 지내다 보니 학기 중엔 항상 잠이 모자랐고, 피곤함과 스트레스를 이기기 위해 주로 음식으로 풀다 보니 체중은 급격히 불었습니다. 학교 수업

시간엔 언제나 꾸벅꾸벅 졸기 일쑤였고 학업 태도는 무기력 그 자체였습니다. 이런 저의 모습을 본 같은 반 전도사님들은 대부분 절 못마땅하게 여겼고 따가운 눈총을 보냈습니다. 그러던 어느 날 보다 못한 어떤 전도사님이 잠시 이야기 좀 하자며 밖으로 절 불러냈습니다.

"서전도사님. 요새 보니까 맨날 수업시간에 졸기만 하고 수업을 거의 잘 못 듣던데요. 근데, 이렇게 불성실한 모습으로 학교 다니는 거 혹시 서전도사님의 부모님도 알고 계실까요? 만약 그걸 아신다면, 힘들여 자식 등록금까지 마련해서 보내주신 부모님의 마음이 참 아프지 않겠어요?"

"…."

그 소리를 듣자 제 속에선 항변이 튀어나왔습니다.

'당신이 신대원 1학년에 개척을 하게 된 내 입장을 아느냐. 하루 3시간 반 자고 나오는 내 입장을 아느냐. 그런 가운데 돈 벌러 학원 강의까지 다니며 덕은동에서 양지까지 매일 출퇴근하는 내 입장을 아느냐? 충고를 하려면 뭘 좀 알고나 하시라!!'

사실 이런 말이 목구멍까지 올라왔지만 꾹 참았습니다. 어찌 보면 그 입장에선 수업시간마다 조는 제 모습이 한심하게 보였을 테니 말입니다. 교회 개척과 신대원 학업과 학원 강의라는 저의 삼중직 상황을 그 전도사님이 알았을 리는 만무했기 때문에 저는 그냥 별 말 없이 그 자리를 피해 버렸습니다.

그런 일이 있던 밤, 개척 교회 전도사랍시고 부모님 욕이나 먹이며 한심한 소리나 듣고 다니는 내 자신이 참으로 초라하고 볼품없다는 생각이 들었습니다. 밤에 자리에 누우니 갑자기 어린 시절에 불렀던 〈개똥벌레〉라는 노래가 떠올랐습니다. 침상에 누워 천장을 보며 한숨 반 신세타령 반 웅얼거리며 잠이 들었습니다.

'야야 야야이야~~
쓰라린 가슴안고,
오늘 밤도 이렇게 울다 잠이 든다.'

Chapter 13

지금 당장, 땅을 구입하세요!

[시 37:9]

… 여호와를 소망하는 자들은 땅을 차지하리로다

[시 37:11]

그러나 온유한 자들은 땅을 차지하며 풍성한 화평으로 즐거워하리

로다

교회 개척이 쉽지 않다는 건 각오한 바였습니다. 학교 수업에다, 학원 강의에다, 개척 교회의 작업들까지 겹치면 정말 파김치가 될 정도로 힘든 때도 있었지만 이 상황을 되도록 기쁨으로 감내하려 했습니다. 비록 수중에 돈이 거의 없었지만 그렇다고 배까지 곯는 상황은 아니었으며, 사도 바울은 선교하다 돌까지 맞아가며 순교의 피로 교회를 세웠는데 우리는 그런 박해 없이 사역하고 있으니 그래도 감사함으로 지내려고 애를 썼습니다.

그럼에도 저를 종종 힘들게 한 것이 있었습니다. 바로 저의 주변에서 들려오는 '사면초가'의 노래였습니다. 사면초가. 천하의 패권을 두고 유방과 결전을 벌인 항우가 어느 성읍에 포위를 당했을 때, 사방에서 들려오는 초나라의 구슬픈 노랫가락에 항우의 군사들이 사기가 꺾이고 결국 전쟁에서 패하게 되었다는 고사입니다. 개척 초기 마치 초나라의 구슬픈 노래 가락 같은 낙담케 하는 말들이 지속적으로 우리 교회를 향해 들려왔습니다.

"니네는 교회 자리를 잘못 선택했다. 거기 덕은동은 목회가 되는 곳이 아니야."

"요즘 시대엔 도시 한복판에다 해도 성공하기 어려운 게 교회 개척이야. 요새 누가 이런 후진 교회를 다니나?"

"이런 준비 없는 개척은 그저 그냥 맨땅에 헤딩일 뿐. 시간 낭비하지 말고 빨리 접어라."

한번은 다른 교회에서 혹시 재정 지원을 좀 받을 수 있을까 싶어 인근에서 제법 큰 교회의 담임목사님을 찾아갔습니다. 간략하게 저희 교회 이야기를 들은 목사님은 그 자리에서 바로 목회 솔루션을 내려 주셨습니다.

"서전도사님. 결국 전도사님은 현재 부교역자 경험이 전무하다는 거잖아요? 이건 목회자로서 치명적인 거예요. 아무 기본기 없이 무작정 개척부터 하면 이건 무조건 필패입니다. 그래서 지금 서전도사님이 가장 먼저 해야 할 일이 뭐냐, 그 교회에 나오는 교인들을 우선 다른 교회로 모두 흩어 버리세요. 그리고 제대로 된 교회에 가서 부교역자 교육부터 다시 받고 시작하세요. 개척은 그 다음입니다!"(저에겐 이 부분이 우리에게 들려온 '사면초가' 노래의 포르티시모(ff) 파트로 기억됩니다)

그런 이야기들을 듣던 개척 2년 차의 어느 날, 갑자기 지인 선교사님이 우리 교회에 방문하셨습니다. 이분은 김광자 목사님의 스승님이신 성지기도원 이복단 원장님의 아드님으로, 젊은 시절부터 김목사님과 함께 동역하신 분이었습니다. 그동안 멀리서 우리 교회 개척 소식을 듣고 기도해 오시던 중이셨는데, 갑작스레 주님이 주신 감동을 받고 급히 우리 교회에 방문하시게 된 상황이었습니다.

그날 설교 시간에는 선교사님 사역 가운데 특별히 육군사관학교 집회에서 있었던 간증에 관해 말씀을 하셨습니다.

성도 여러분. 제가 처음 육군사관학교에 집회를 갔는데, 거기 있는 사관 생도들의 군기가 정말로 대단했습니다. 육사 생도들이 의자에 앉아 손을 무릎에 대고 일자로 쭉 뻗어서 부동자세로 있는데, 이건 완전히 군기가 얼음장이올시다. 앞에서 제가 아무리 찬송을 불

     맨땅 개척 미라클 챌린지

러도 박수 한번 치지 않고, 설교 때 아멘 한번 없는 정말 얼음장 같은 모습으로 집회로 시작하게 됐습니다.

그런데 이 얼음장 같은 집회에서 말입니다. 맨 앞자리에 계신 어떤 분이 갑자기 자리에서 일어나 박수를 치며 찬송을 불렀습니다. 알고 보니 이 분이 누구냐. 바로 육군사관학교장 이필섭 장군이올시다. 이분은 당시 중장 삼성 장군이었는데 사관학교장이 집회 맨 앞자리에서 벌떡 일어나 찬송도 크게 부르고, 손을 들고 박수도 치고, 설교 때 두 손을 들고 아멘을 외치는데 이건 정말 제가 봐도 어린아이 같은 순수한 믿음으로 화답하는 것이었습니다.

이러니 집회가 어떻게 됐겠어요? 학교장이 갑자기 자리에서 일어나 박수를 치고 손을 들고 하니 육사 생도들의 눈이 휘둥그레지는 거야. 그러면서 모두가 학교장 이필섭 장군을 따라 화답을 하면서 찬송도 부르고 아멘을 외치는데, 그 얼음장 같은 무거운 분위기가 깨지더니 집회 가운데 엄청난 은혜가 쏟아부어졌어요. 할렐루야~ 그 집회 가운데 얼마나 성령의 은혜가 충만했는지 제가 시간을 많이 오바했나 봐요. 기다리다 못한 사회자가 시계를 가리키며 집회를 끝낼 것을 부탁해 왔습니다.

그런데 말입니다. 그 자리에 하나님의 응답의 말씀이 임했어요. 저에게, 이필섭 장군에 대한 하나님의 예언의 말씀이 임했습니다. 그래서 제가 맨 앞자리에 앉은 이필섭 장군을 강단 앞으로 불러냈어요. 그러면서 방언 통변과 함께 안수 기도를 하면서 주께서 주신 말씀을 믿음으로 선포했습니다.

"(방언으로 기도와 통변으로 하면서)이필섭 장군! 내가 너를 머리 위에 머리로 세우리라!"

그런데 여러분. 당시 상황은 선포된 말씀과는 전연 달랐습니다. 왜냐면 그 당시만 해도 육군사관학교의 학교장 자리라는 곳은요, 진급이 안 된 분들이 가는 자리요. 4성으로 진급이 안 되어 군대 예편을 앞둔 삼성 장군들이 마지막으로 가는 자리가 바로 육사학교장 자리올시다. 그러나 어쨌든 저는 주님께서 부어 주신 응답을 믿음으로 담대히 선포하고 집회를 마무리했습니다.

그 후로 시간이 얼마나 지났을까. 어느 날 이필섭 장군으로부터 연락이 왔습니다.
"선교사님. 지금 아주 큰일이 났습니다. 정말 큰일이 났으니 바로 꼭 와주셔야 하겠습니다.
제가 주소를 하나 보내드릴 테니, 이유는 묻지 마시고 빨리 좀 와주시기 바랍니다."

영문을 모른 채 긴급 연락을 받았습니다. 정말 무슨 큰일이 났지 싶어 부랴부랴 해당 주소지로 곧장 달려갔습니다. 그런데 보내 주신 주소지로 가 보니, 세상에! 군대 진급식이 열리는 장소였습니다. 그리고 바로 맨 앞줄에 이필섭 장군이 4성 장군 진급자로 앉아 있었습니다. 그날 진급식에서 어깨 견장에 별 4개짜리 성판을 다는 자리에 저를 부르신 것입니다. 그러면서 이필섭 장군은 제게 이런 부탁의 말씀을 건네셨습니다.

"선교사님. 이렇게 갑작스런 부탁으로 무례를 범해 죄송합니다. 그러나 제가 받는 이 4성 성판은 하나님의 축복의 통로가 되신 선교사님의 손으로 제 어깨에 꼭 달아 주셨으면 하는 마음으로 결례를 무릅쓰고 이렇게 부탁을 하게 되었습니다."

이후 이필섭 장군은 우리나라 합참 의장까지 역임하시며 군 선교와 세계 복음화에 앞장선 우리나라의 대표적인 하나님 나라의 군인으로 사명을 잘 감당하고 계십니다.

그러면서 선교사님은 강조하셨습니다.

"여러분. 이처럼 하나님은 역사는, 인간의 생각 안에서가 아니라! Extra sensuary perception!

모든 상식과 한계를 초월하는 능력이 바로 하나님의 역사이올시다!
(그날 선교사님의 설교 제목이 E.S.P였습니다)"

그러면서 끝으로, 선교사님은 우리 교회를 향해 담대히 외치셨습니다.

"능력교회 성도 여러분. 제가 정말 대형 교회도 많이 가 보고, 수도 없이 많은 집회도 했지만, 제가 여기 교회를 보니 이건 정말 차마 교회라 말하기 어려울 정도입니다. 이렇게 작고, 초라하고, 마치 오두막처럼 보이는 이런 처소는 저도 처음이올시다. 그런데 여러분, 하나님께서 이 교회를 얼마나 사랑하시는지 기도 중에 제게 이 교회의 사명을 알려 주셨고, 그걸 받아 단숨에 달음질하여 여기까지 왔습니다."

그리시면서 우리 교회를 향한 하나님의 비전을 선포하셨습니다.

"하나님께서 '능력'이라고 이름 주신 이 능력교회는,
앞으로 21세기를 이끌어 나갈 대한민국 성령 운동의 센터로 사용하실 것입니다…!"

그런데 슬쩍 눈치를 보니, 우리 가운데 그 말씀을 믿는 사람은 한 사람도 없어 보였습니다. 우리의 '아멘' 소리가 크지가 않아서 그런지, 선교사님은 회중들에게 더 크게 '아멘' 하라며 답답해하시고 목청을 높이

 맨땅 개척 미라클 챌린지

셨습니다. 그러면서 연이어 긴급 메시지를 던지셨습니다.

"잘 들으세요. 여기 능력교회 가운데 하나님이 예비해 놓으신 은혜가 있습니다. 그러니 당장, 지금 당장, 땅을 구입해야 합니다. 지금도 늦었어요! 당장 가서, 수단 방법 가리지 말고 교회 땅을 구입하십시오! 빨리 사란 말입니다!"

그 말씀을 하시는데, 우리 교회 재정을 담당했던 집사님과 그 순간 서로 눈이 마주치며 눈웃음을 교환했습니다.

'지금 교회 봉고차 할부도 제때 못 갚고 있는데, 무슨 생뚱맞은 교회 땅??'

창세기에 보면 천사 셋이 아브라함 가정에 방문한 이야기가 나옵니다. 천사들이 아브라함에게 나타나 '내년 이맘 때 너희 부부에게 아들이 있으리라' 선포를 했을 때, 그 말을 들은 사라가 장막 문 뒤에서 몰래 웃었다고 했습니다. 저는 그 사라의 심정을 알 것 같았습니다.

'네? 우리 교회가 대한민국 성령 운동의 센터가 된다고요?'
'그래서 땅을 당장 사라고요?'

감사한 말씀이지만 솔직히 믿기지 않았습니다. 불과 얼마 전에만 해도 인근 교회 목사님한테 '그냥 헛수고 말고 목회를 접어라'는 얘길 들은 게 우리인데, 어떻게 우리가 대한민국의 성령 운동의 중심축 역할을 하는 교회가 될 수 있겠는가…. 이런 생각을 하니 절로 웃음이 나왔습니다.

그러나 이토록 우리의 연약한 믿음에도 불구하고, 하나님은 뜻을 이루시기 위해 쉬지 않고 일하시며, 주의 선하고 아름다운 길로 우리를 인도하고 계셨습니다.

Chapter 14

기적의 씨앗

[마 13:31-32]

31 또 비유를 들어 이르시되 천국은 마치 사람이 자기 밭에 갖다 심은 겨자씨 한 알 같으니

32 이는 모든 씨보다 작은 것이로되 자란 후에는 풀보다 커서 나무가 되매 공중의 새들이 와서 그 가지에 깃들이느니라

"능력교회! 당장 땅을 사세요. 지금도 늦었습니다. 당장!"

갑작스레 우리 교회를 찾아와 비전을 선포해 주신 선교사님의 말씀을 며칠간 곰곰이 생각해 보았습니다. 솔직히 우리로선 얼토당토않은 꿈같은 말이었습니다. 특히 우리 교회를 향해 선포하신 '대한민국을 이끌어 갈 성령 운동의 센터'라는 비전은 우리에게 마치 안드로메다 성운 같이 아득히 먼 얘기였습니다. 그러나 마음 한편에 이런 의문이 일었습니다.

'그렇다면 이분은 왜 우리 교회에 오신 것일까? 이 분이 그렇게 할 일이 없는 분인가? 솔직히 이렇게 가난한 개척 교회에서 무슨 영화를 보겠다고, 이렇게 뻔히 시간 낭비에 불과한 꿈같은 말씀을 전하러 멀리 있는 우리 교회까지 오셨단 말인가?'

그게 아니다. 만약 선교사님이 응답에 대한 확신이 없었다면 이런 오두막 같은 교회까지 와서 이렇게 무모한 말씀을 선포할 리 없다. 분명 주님으로부터 응답을 받은 것이다. 더구나 내가 아는 한, 이분은 기도하는 분이시다. 사역에 전 생애를 건 분이시다. 그렇기 때문에 그분 사역 가운데 이필섭 장군 같은 드라마틱한 간증들이 나오고 이후로도 주님 은혜를 경험한 이준 장군, 권영해 장군 같은 군 장성들이 「오성회」를 만들어 선교사님 사역을 후방에서 지원해 주신 게 아니었던가. 그래. 믿어 보자. 믿기지 않지만 믿어 보려고 애라도 써 보자.'

고민 끝에 저는 선교사님을 통해 우리에게 선포하신 비전의 말씀을 믿기로 결심했습니다. 주신 말씀 그대로 하나님이 예비하신 토지를 정말 마음먹고 찾아보기로 했습니다. 그런데… 이게 말이 쉬워 믿는다지, 예비하신 땅을 대체 어디서 무엇으로 찾는다는 말입니까? 실로 막막하기 짝이 없는 일이었습니다.

그런데 얼마 지나지 않은 어느 날 갑자기 어느 부동산에 관한 소식을 듣게 되었습니다. 이 토지는 같은 교회를 다닌 집사님 가정에서 소유했던 땅인데 부채 문제로 인해 법원 경매에 나오게 된 물건이었습니다. 소재지는 고양시 화전동이었고, 낙찰가는 약 7천만 원 정도로 예상되었습니다. 다른 물건에 비해 상대적으로 낮은 금액이긴 했으나 우리 교회 형편으론 턱도 없었습니다.

'우린 개척한 지 고작 2년밖에 되지 않은 교회다. 이번 달도 차량 할부를 제때 갚지 못해 쩔쩔 매고 있는 중이다. 이런 마당에 갑자기 무슨 수로 7천만 원이라는 거금을 구해서 땅을 산다는 말인가?' 요새 말로 **현타**가 왔습니다. 이내 금방 마음을 접으려는데 문득 한 가지 질문이 떠올랐습니다.

'그런데 만약… 혹시 여기가 진짜 주님께서 예비하신 땅이라면 어쩔 건가? 주님께서는 이토록 분명하게 선교사님을 통해서 미리 선포해 주셨는데, 다름 아닌 내 불신과 나의 포기로 예비된 땅을 놓치게 된다면 어떻게 될 것인가?'

'이건 단순히 불신으로만 끝나지 않는다! 이건 교회 앞날의 축복까지 가로막는 큰 낭패를 저지른 셈이 될 수 있다. 그렇다면, 포기하기 전에 차라리 한번 시도라도 해 보자. 포기는 그때 가서 해도 늦지 않다!'

우리 교회는 개척 후 3년간 기도의 등불을 밝히기 위해 애를 써왔습니다. 선지자 사무엘이 말한 바와 같이 '기도하기를 쉬는 죄(삼상 12:23)'를 범하지 않기 위해 개척 후 매일 성전에 단 한 사람이라도 나와 기도회를 가졌습니다. 특히 이 기도회는 김광자 목사님께서 중심에서 이끌어 주셨습니다. 그 3년의 기간 동안 밤마다 얼마나 열심히 기도를 했던지, 우리의 기도 소리가 저 멀리 떨어진 덕은동 큰 길가 버스 정류장까지 들렸다고 합니다. 이 때 역시 기도의 동역자들과 함께 매일 비전으로 주신 땅을 놓고 주의 인도하심을 간구하였습니다.

그러는 가운데 저는 다시 한번 제 친구를 찾아 갔습니다. 처음 덕은동 개척을 시작할 때 중고 판넬로 성전을 세울 수 있도록 조립 비용을 지원해 준 그 장교 친구 류큰샘 말입니다. 이때는 제 친구도 군대를 전역하고 우리 교회 개척에 함께 합류하여 이모저모로 교회를 돕고 있었습니다.

"큰샘아. 지난번에 오신 그 나이 많은 선교사님 기억하지? 우리 교회 강대상에서 막 큰소리치셨잖아? 우리 교회가 무슨 성령 운동의 센터가 될 거라는 둥, 그래서 당장 땅을 사라는 둥. 그때 하도 큰 소리를 쳐서 다들 속으로 웃었잖아? 근데, 신기한 일이 생겼다? 최근에 진짜 땅 소식 하나를 알게 됐어. 화전동에 있는 토지인데 경매로 나온 물건이야."

     맨땅 개척 미라클 챌린지

이야기를 나눈 다음 날 친구에게서 뜻밖의 연락이 왔습니다.

"충은아. 내가 어제 아버지께 너랑 우리 교회 토지 문제에 관해 말씀을 드렸거든? 근데 아버지께서 듣더니 관심을 좀 가지시네. 너와 한번 만나 보자고 하셨어. 내일 점심에 우리 아버지 만나서 말씀 한번 잘 드려 봐. 지금 은평구 ○○초등학교에 근무하고 계셔."

이렇게 해서 제 친구 아버지께서 근무하시는 응암동의 한 초등학교까지 찾아가게 되었습니다. 가는 발걸음 내내 머릿속이 참 복잡했습니다.

'솔직히, 이분은 그저 내 친구의 아버지일 뿐이다. 학창시절 얼굴 몇 번 뵌 정도의 인연일 뿐, 10년이 넘도록 연락 한번 안 하고 지낸 사이인데, 그런 분에게 가서 무슨 말을 한단 말인가? 더구나 이렇게 큰 돈 이야기를?'

생각할수록 막막한 마음이 들어, 가는 발걸음이 더더욱 무거웠습니다. 이렇게 복잡한 생각을 안고 초등학교 안에 들어가 조그마한 교실에 계신 친구 아버지를 만났습니다. 오랜만에 뵈었지만 저를 반갑게 맞아 주셨습니다.

"전도사님. 그동안 잘 지내셨어요? 아들 편으로 그간 전도사님이 교회를 개척했다고 전해들었습니다. 고생이 많으신데, 혹시 제가 뭐 도와드릴 일이라도 있을까요?"

이 말을 듣고 긴장감 속에 두서없이 말을 꺼냈습니다.

"네, 집사님(제 친구 아버지였지만 교회에서의 직분은 집사님이셨기에, 그냥 집사님으로 호칭했습니다). 저희가 2년 전에 고양시 덕은동에 교회 개척을 했는데 지금 저희 교회 형편이 많이 어렵습니다. 막막하지만 저희 교회의 미래를 생각했을 때 작은 평수의 땅이라도 구입이 필요한 상황인데, 솔직히 저희 교회가 돈이 하나도 없습니다. 이렇게 오랜만에 만나 뵈어 처음부터 이런 말씀을 드려 정말 죄송하지만, 음… 이건 제가 생각해도 말이 좀 안 되는데. 혹시 저희 교회에서 이번에 구입할 교회 땅에, 집사님께서 좀 **투자…**를 해 주시면 안 되겠습니까?"

10년 넘어 만난 친구 아버지에게 처음 꺼낸다는 말이 교회 땅에 투자하라니. 그것도 빈털터리 개척 교회 전도사 주제에. 솔직히 말도 안 되는 얘기였습니다. 그런데도 류집사님은 제 얼토당토않은 '투자'라는 말에 살짝 웃으시며 차분하게 질문을 하셨습니다.

"그럼 우선, 필요한 돈이 대략 얼마 정도 되실까요?"

"네. 해당 물건은 일반 부동산이 아니라 경매 물건입니다. 물건지 위

  맨땅 개척 미라클 챌린지

치는 고양시 화전동이고요. 제가 생각하는 낙찰 가격은 대략 7천만 원 정도 될 것 같습니다."

"그렇군요. 전도사님. 그럼 일단, 제가 좀 생각을 해 보고 나중에 연락을 드리겠습니다."

그렇게 집사님과 헤어져 나왔습니다. 학교를 나오면서 솔직히 저는 별다른 기대감이 들지 않았습니다. 왜냐면 상식적으로 저의 이런 몇 마디 말로 그런 큰돈을 주실 리는 만무하다 생각했기 때문입니다.

그런데 그때부터 놀라운 일이 일어나기 시작했습니다. 류집사님의 증언에 의하면, 제가 학교에 다녀간 후로 집사님의 뇌리 속에 우리 교회 생각이 떠나지 않게 되었답니다. 본인 교회도 아닌데 이상하리만치 마음이 많이 갔다고 하셨습니다. 그렇게 며칠간 우리 교회로 인한 고뇌의 기도 시간을 보내시던 어느 이른 새벽 시간에, 불현듯 분명한 주님의 음성이 집사님에게 들려왔습니다. 이때가 집사님 생애를 통틀어 가장 분명한 주의 음성을 듣는 순간이었습니다.

"(류집사님의 이름을 부르시며)아들아. 너 어디에 있니?
"주님. 제가 여기 있습니다."
"아들아. 내가 능력교회를 사랑한다. 그런데 도와줄 사람이 너밖에 없구나. 네가 도와주어라.”

집사님은 하나님께 약속을 드리셨습니다.

“주님. 제가 돕겠습니다. 반드시 주님 뜻에 순종하겠습니다.”

나중에 안 사실이지만, 그 무렵 류집사님 가정의 경제 여건은 우릴 도와줄 여유 있는 상황이 아니었습니다. 도리어 여러 면에서 궁지에 몰린 상황이었습니다. 그동안 집사님은 한 아파트에서 80세 넘으신 홀어머니를 모시고, 아들 내외와 함께 3대 가족으로 살고 계셨습니다. 그러는 가운데 집사님 본인은 학교 교사로, 아들은 군대 장교로, 며느리는 학교 선생으로 경제 활동을 했기에 별 어려움 없이 지냈는데 이 무렵 상황이 급격히 바뀌었습니다. 우선 아들(제 친구)은 특전사 장교를 끝으로 제대를 하여 무직 상태가 됐습니다. 며느리도 아들을 낳아 출산 휴가 중이였습니다. 그나마도 남은 소득원이 집사님이신데, 본인도 앞으로 한두 달 후엔 명예퇴직을 앞둔 상황이었습니다. 그런 상황에 아들 손주 이레까지 태어나 4대 가족이 되었는데, 세 명이었던 수입원이 이젠 하나만 남았으니 걱정이 안 될 수 없는 상황이었습니다.

난관은 그게 끝이 아니었습니다. 앞으로 석 달 후에는 집사님 딸 보람 양의 결혼도 예정되어 있었습니다. 그런데다 이 무렵 집사님의 친형님께서 말기 위암에 걸려 세브란스 병원에 입원을 하게 되었는데 그

　　　　　　　　　　　맨땅 개척 미라클 챌린지

와중에도 집사님은 친 형님의 병환까지 돌보고 계셨습니다. 게다가 집사님 가정은 섬기시는 교회의 건축 공사를 위해 교사 퇴직금 5천만 원이라는 거액의 헌금을 미리 당겨서 결단하여 드린 상황이었습니다! 그무엇으로 보나, 우리 교회를 도울 수 있는 여건은 허용되지 않았습니다. 마치 도움을 줄 수 없는 모든 여건이 한데 뭉치기라도 하듯 난관이 집약되어 있었습니다. 그럼에도 불구하고 류집사님의 믿음은 조금도 흔들리지 않았습니다. 모든 어려운 상황 속에서도 꿋꿋이 믿음을 지키며 차근차근 진행해 나가셨습니다.

며칠 후 집사님으로부터 온 전화를 받았습니다.

"서전도사님. 잘 지내셨죠? 전도사님께 드릴 말씀도 있고 해서 저를 한번 만나 주셨으면 합니다. 연희동에 수빈이라는 한정식집이 있어요. 거기서 만나 뵈면 좋을 것 같네요."

집사님은 그곳에 있는 맛있는 음식을 사 주시며 그간 있었던 상황에 대해 소상히 말씀을 건네셨습니다.

"전도사님. 여러모로 제 사정이 여의치 않은 것 아마 잘 아실 것입니다. 그러나 전도사님. 저는 이번에 하나님과 맺은 약속을 반드시 지킬 것입니다. 전도사님. 너무 걱정 마시고 힘내서서 하나님의 사업을 힘차게 추진해 나가십시오."

제 손을 꼭 잡으시며 격려를 해 주시는데, 집사님의 눈망울엔 눈물이 그렁그렁 맺혀 있었습니다. 그런 집사님을 보고 저 역시 감격과 감사의 눈물이 복받쳐 올라왔습니다.

이후 모든 과정이 순조롭게 진행되었습니다. 제 손으로 실행한 첫 경매였지만 두렵지 않았습니다. 주님은 경매 입찰 준비부터 낙찰, 잔금 지급, 경락, 등기에 이르기까지 모든 과정이 물 흐르듯 되는 순적한 은혜를 허락해 주셨습니다. 이렇게 하여 우리 능력교회는 류집사님 가정의 헌신을 통해 개척 2년 만에, 고양시 화전동에 교회 명의의 첫 토지를 소유하게 되었습니다. 할렐루야!

참으로 감사하게도 류집사님 가정을 통해 도움을 받은 건 우리 교회인데, 도리어 집사님이 더 감사해하시고 더 감격해하셨다는 사실입니다. 본인 같은 가난한 집에서, 그것도 예수를 미워하고 박해하던 가정에서 태어나고 자란 사람이, 나중엔 이렇게 주님의 교회에 초석을 놓는 일에 쓰임 받게 되었다며 말씀하실 때마다 눈시울이 붉어지시곤 했습니다. 이로써 류집사님은 본인이 섬기시는 교회와 우리 능력교회에 퇴직금 전액을 드리는 엄청난 헌신을 하시게 되었습니다.

이때로부터 하나님의 기적적인 역사가 나타나기 시작했습니다. 사실 그간 제 친구는 장교로 군대를 전역한 후 여러 학교에 교사 지원서

　　　　맨땅 개척 미라클 챌린지

를 냈지만 임용의 문이 열리지 않은 상황이었습니다. 첫 아들도 태어 났는데 직업은 구해지지 않으니 마냥 기다릴 수 없어 하다못해 신문이 나 우유 배달이라도 해야 하나 심각하게 고민을 하던 중이었습니다. 그런데 놀랍게도 류집사님이 주신 헌금으로 경매 법정에서 낙찰을 받 은 바로 다음날, 제 친구에게 기쁜 소식이 전해졌습니다. 기다려왔던 서울의 한 고등학교 윤리과 기간제 교사 채용 소식이 전해지게 된 것이 었습니다!

그렇게 몇 달의 시간이 지난 어느 날, 갑자기 제 친구의 학교에서 윤 리 교사 한 분이 갑자기 멀쩡한 교사직을 내려놓고 퇴직을 하는 일이 벌어졌습니다. 평소 사립학교에선 좀처럼 일어나지 않는 정교사 결원 이 생겨난 것이었습니다. 이에 해당 학교는 윤리 교사 충원을 위해 공 채 선발 모집 공고를 냈고, 그 모집에 지방 국립대 출신의 제 친구와 서 울대 출신의 여교사가 최종 면접자로 선발되었습니다. 그리고 이듬해 1월 그 정교사 자리에, 바로 제 친구가 최종 합격이 되었습니다! 정말 이지 제 친구의 임용 과정을 가장 가까이에서 지켜본 사람으로서, 저는 이것이야말로 하나님 연출, 하나님 각본의 한편의 드라마 같다는 생각 을 했습니다. 이러한 제 친구의 정교사 임용 소식은 우리 개척 교회와 류집사님 가정 전체에 엄청난 감격을 선사했습니다. 지금도 제 친구는 해당 학교에서 최고의 진학 지도 교사로서 큰 활약을 펼치고 있습니다.

이뿐 아니라 주님은, 제 친구 아버지인 류집사님에게도 은혜를 베풀어 주셨습니다. 명예퇴직으로 끝날 줄 알았던 집사님의 교사직을 계속해서 이어 갈 수 있도록 미리 좋은 직장을 예비해 두고 계셨던 것이었습니다. 퇴직 후 집사님이 간 곳은 마포구의 한 어르신 초등학교였습니다. 그곳엔 어려운 환경 탓에 초등학교 교육을 못 받은 어르신들이 많았고 그중 상당수가 한글을 모르는 분이셨습니다. 집사님은 이들이 한글을 쉽게 깨우칠 수 있도록 돕는 데 있어 탁월한 능력을 보이셨습니다. 그로 인해 수많은 어르신 학생들이 까막눈의 설움에서 벗어나 배움의 기쁨을 알게 되었고, 많은 어르신들의 자존감이 회복되었습니다. 그리하여 수많은 학생들에게 인정과 존경, 사랑을 받은 집사님은 그 가운데 몇몇 학생들에게 복음을 전하여 교회로 인도하시는 등 전도의 사명까지 감당하셨습니다. 이렇듯 주님은 류집사님도 삶의 풍성함과 영혼의 열매까지 거둘 수 있는 좋은 직장으로 인도하셨고, 결국 은혜로운 간증이 넘쳐나는 삶을 살도록 인도해 주셨습니다. 할렐루야!

"너희가 믿으면 하나님의 영광을 보리라!(요11:4)"

이것을 통해 저는 중요한 사실 하나를 깨달았습니다. 믿음은 주의 영광으로 들어가는 출입문이며, 순종은 곧 축복의 연결 통로라는 사실 말입니다. 처음엔 저도 안 믿어졌고 그래서 움직이지 않으려 했습니다. 그러나 제 생각을 다 내려놓고 한 걸음씩 믿음의 발자국을 뗀 결과 요

맨땅 개척 미라클 챌린지

단강을 마른 땅으로 건너듯 놀라운 은혜를 체험하게 되었습니다. 이로 인해 우리는 개척 2년 만에 첫 토지를 구입하여 교회의 초석이 세워지는 축복을 누리게 되었습니다. 그리고 주님은, 어려운 환경 속에서도 연약한 개척 교회에 큰 사랑의 손길을 펴준 이 가정을 잊지 않으시고 풍성한 은혜로 채워 주셔서, 하나님의 능력이 과연 어떤 것인가를 모두가 깨달아 알 수 있도록 만들어 주셨습니다. 결국 도움받은 우리 교회와 도움을 준 친구 가정 모두가 하나님의 역사를 체험하여 모든 것이 하나님의 영광이 되도록 인도하셨던 것이었습니다.

이러한 모든 은혜와 축복을 계획하시고 모든 걸음을 인도해 주신 하나님께 오직 영광과 감사를 올려드리며, 이토록 연약한 개척 교회에 기적의 씨앗을 심은 류웅상 장로님과 한상순 권사님, 그리고 내 사랑하는 친구 류큰샘 안수집사에게 한없는 은혜와 보호하심이 함께하기를 간절히 소망합니다.

Chapter 15

병풍을 멘 아들처럼

[고전 2:9]

기록된 바 하나님이 자기를 사랑하는 자들을 위하여 예비하신 모든 것은 눈으로 보지 못하고 귀로 듣지 못하고 사람의 마음으로 생각하지도 못하였다 함과 같으니라.

이처럼 우리 교회는 오직 은혜로 감격적인 첫 교회 땅을 마련하게 되었습니다. 교회 부흥은 아득히 먼 일이었고 교회 사정도 여전히 어려웠지만, 그럼에도 이번 '땅 구입 건'으로 한 가지는 분명히 확인할 수 있었습니다. 하나님이 우리 교회를 사랑하신다는 것, 그리고 하나님이 우리 능력교회와 함께하신다는 사실 말입니다. 개척을 시작할 당시 거의 모든 이들이 우리에게 불가능을 말했고, 손가락질했고, 사면초가의 노래를 불렀지만, 결국 주님의 능력이 이긴 것이었습니다! 많은 사람이 놀랐고, 그때부터 우리 교회를 인정하기 시작했습니다. 말이 아닌 사역의 열매를 통해 주님의 살아 계심을 확증하는 계기가 되었습니다.

개척 초기부터 가진, 우리 교회의 중요한 습관 한 가지가 있습니다. 중요한 결정을 내릴 때 반드시 하나님의 응답을 먼저 구하는 태도입니다. 물론 성도들 대부분이 문제 상황이 되면 주님께 기도를 합니다. 그러나 저희의 경우 단순히 기도만 하는 게 아니라 하나님의 뜻이 깨달아질 때까지, 응답이 임할 때까지 기다림의 시간을 가집니다. 그런 가운데 주님은 때로는 음성으로, 경우에 따라 환상이나 마음의 감동으로 뜻을 알려 주시곤 했습니다.

이번 화전동 토지를 구입할 때, 더욱이 우리는 간절히 기도하며 주님 앞에 나갔습니다.

"주님. 여기 화전동 토지가 경매에 나왔는데, 이 땅을 구입하는 것이 정말 주님의 인도하심입니까? 주여! 응답하여 주옵소서."

제가 알기에도 고양시 화전동이라는 지역은 덕은동 못지않게 낙후된 곳이라 솔직히 제 눈에도 별로 좋아 보이지 않았습니다. 그런데 제 생각과는 달리 하나님은 우리에게 분명한 응답을 주셨습니다.

"구입하라. 앞으로 10년 안에 이곳 인근이 개발될 것이다."

아멘! 저는 기도를 들으신 하나님께 감사를 드렸고, 더 이상의 고민이나 망설임 없이 전달받은 헌금을 가지고 경매를 통해 이 땅을 최종 구입하게 된 것이었습니다.

저는 이때 기도 응답을 받았다는 자신감이 충만한 탓인지, 경매의 기본으로 여겨지는 권리 분석이나 토지 현황 조사 없이 그냥 구입을 진행했습니다. 진짜 말 그대로 오직 믿음(?)으로 산 땅이었습니다. 그런데 이후에 여긴 여러 문제가 수북이 쌓인, 문제 덩어리 땅인 것을 뒤늦게 알게 되었습니다.

일단 건물 안에는 엄청난 양의 폐기물이 들어 있었습니다. 그런데다 건물 자체가 너무 부식되어 일부가 이미 무너져 내린, 철거가 시급한 건물들이었습니다. 더 큰 문제는 구입한 우리 땅이 주변 건물에 막혀 차량이 진입이 안 되는 소위 '맹지' 땅이었습니다. 들어가는 입구 폭이 얼마나 좁은지, 간신히 사람 둘이 지나갈 정도라 장비 진입 자체가 불가했습니다. 제일 시급한 게 건물 철거인데 포크레인이 안으로 들어가지 못하니 방도가 없었습니다. 결국 순수 인력으로 철거를 진행했습니다. 손에 망치와 햄머를 들고 직접 건물 철거를 하게 되었습니다. 그런데 얼마나 집들이 낡았던지 그런 손망치로도 어렵지 않게 건물이 철거가 되었습니다. 지붕을 뜯으니, 안에 있던 말벌들이 놀라 여기저기 날아다녔습니다. 그런 말벌들을 아랑곳하지 않고 우린 계속 철거 작업을 진행했습니다. 그러다 말벌 한 놈이 정중교 전도사의 팔 부위를 쏘는 바람에 잠시 공사가 중단되는 일도 벌어졌습니다.

맨땅 개척 미라클 챌린지

포크레인을 동원하면 하루면 충분히 될 것을, 대체 몇 날 며칠 걸려서 철거 공사를 했는지 모르겠습니다. 차량 진입이 안 된 탓에 그 엄청난 양의 건축 폐기물을 일일이 포대 안에 담아 손수 날랐습니다. 가만히 있어도 땀이 비 오듯 쏟아지는 더운 여름날, 제 형님이신 서보은 안수집사를 비롯해 모 교회에서 어린 시절을 같이 보냈던 형제들, 심상현 목사님, 경진 형제, 영재 형제, 그리고 불광동 학원 학생들까지 와서 함께 비지땀을 흘리며 고생스러운 작업을 했습니다. 이처럼 많은 고생이 있었지만, 그래도 이곳은 주님이 선물로 주신 첫 땅이었기에 모든 것을 기쁨으로 감내했습니다. 그리고 드디어, 몇 달간의 고된 작업을 마무리하고 일부를 수리하여 교회 교육관 간판을 달아 놓았습니다. 향후 '교회 교육관' 용도로 활용하자는 의미였습니다.

그렇게 공사를 마무리한 지 얼마 지나지 않아, 주변 건물이 또다시 무너져 내리기 시작했습니다. 건물 노후로 인해 부식 현상이 계속해서 진행되는 것이었습니다. 하는 수 없이 철거 공사를 또 진행하게 되었습니다. 이때부터 전, 슬슬 불안해지기 시작했습니다.

'어쩌면 내가 응답을 잘못 받은 건 아닐까?'
'하나님께서 주신 땅이 이렇게 엉망일 수 있을까?'
'교회 용도로 전혀 활용도 못하면서, 벌써 오랜 시간 고된 철거작업에만 매달리는 이런 상황을 대체 어떻게 이해해야 하는가?'

기도를 하긴 했지만 주님의 음성을 바로 들은 게 맞는지, 아니면 내 생각을 응답으로 오해하고 잘못 산 건지 의문이 꼬리에 꼬리를 물었습니다. 하루에도 몇 번씩 이곳 땅을 잘못 산 것 같다는 생각이 떠오르니 너무나 괴로웠습니다. 더구나 잦은 공사로 인해 돈은 돈대로 들고 몸은 몸대로 힘들었습니다. 벌써 몇 년째 먼지를 온통 뒤집어쓰는 고된 철거 작업이 이어지고 있는데, 이 모든 게 다름 아닌 바로 제 탓이었습니다. 자금 마련과 토지 구입, 공사 진행의 모든 과정이 다름 아닌 저의 주도로 벌어진 일이니 누구에게 하소연도 할 수 없는 상황이었습니다. 가끔 헌신을 하신 류집사님을 만나 뵐 때면 더욱이 면목이 없었습니다.

그러던 어느 날 지인 선교사님으로부터 연락이 왔습니다. 몇 년 전 우리 교회에 오셔서 갑작스레 하나님의 비전을 선포하시고 예비된 땅을 구입하도록 독려하신 바로 그 연로한 선교사님 말입니다. 이분에게서 갑자기 연락이 오더니, 이번 주일에 또 우리 교회에 오시겠다고 통보를 하셨습니다.

그렇게 주일 오전에 강대상에 서신 선교사님은, 문득 '병풍을 멘 아들'에 관한 말씀으로 설교를 시작하셨습니다.

이승신 선교사

옛날 조선 땅에 나이 많은 한 부잣집 주인이 살았습니다. 그러던 어느 날 그 주인에게 갑자기 큰 병환이 찾아와 갑작스레 임종을 앞두게 되었습니다. 이에 죽음을 앞둔 주인은 자신의 모든 유산을 나눠 주기로 결심했습니다. 그 집 주인은 부자였고 또 인자한 사람이라, 자기 집안에 일했던 모든 하인과 그 가솔들까지 빼놓지 않고 자신의 유산을 골고루 나눠주었습니다. 그런데 이상하게도 자기 외동아들 앞으로는 오직 병풍 하나만을 유산으로 남겨 주고 세상을 떠났습니다.

그간 타지에 나가 일하고 있던 아들은, 아버지의 부고 소식을 듣고 급하게 고향 땅에 돌아왔습니다. 그러나 그 아버지는 이미 세상을 떠난 뒤였고, 자신 앞으로 남은 건, 오직 아버지가 남긴 병풍 하나만 있을 뿐이었습니다. 아버지의 속뜻을 알지 못한 외아들은 이 병풍을 어찌하지 못했습니다. 그래도 아버지께서 마지막으로 주신 것이니 버릴 수도 없고, 그래서 날마다 어딜 가도 등 지게에 이 병풍을 메고 이리 저리 방황하며 돌아다녔던 것입니다.

'아버진 종들에게 조차 후히 남겨 주셨는데, 하필 아들인 나에게는 이런 병풍만 주고 가셨을까?'

'혹시 내가 아버지의 친 아들이 아니었단 말인가?'

여러 날 동안 고민을 하던 아들은 어느 날, 그 마을에 지혜로운 어르신을 찾아가 자신의 고민을 털어놓기로 했습니다. 그러자 아들의 모든 얘기를 들은 마을의 지혜로운 어르신은 그 아들에게 말씀을 주셨습니다.

"이보게. 나도 오랫동안 자네 아버지를 봐 왔지만, 자네 아버지는 아주 현명하시고 인자하신 분이시네. 다른 이들에게도 후하신 분이 어찌 하나뿐인 자기 외아들에게 빈손을 물려주실 리 있겠는가. 그럴 리는 만무하네. 분명 이 병풍 안에는 자네 아버지의 깊은 뜻이 담겨 있을 테니, 그 병풍을 다시 한번 자세히 살펴보게나."

그 어르신의 조언을 받은 아들은 태도를 바꾸어, 아버지께서 주신 그 병풍을 다시 한번 샅샅이 살펴보았습니다. 자세히 만져 보니 그 병풍 저 구석에 뭔가 만져지는 것이 있었습니다. 그래서 그 병풍 속을 조심스럽게 뜯어보니, 그 부자 아버지께서 자기 외아들 앞으로 물려준 '알짜배기 땅 문서'가 들어 있는 것이었습니다.

 여기엔 아버지의 깊은 속뜻이 있었습니다. 이렇게까지 한 이유는 혹여 아버지 자신이 죽고 없는 틈을 타 하인들이 욕심을 부려 아들 앞으로 돌아갈 땅 문서를 빼돌릴 수 있었기 때문이었습니다. 그래서 하인들에게 미리 넉넉히 유산을 주고 외아들에게는 병풍만을 유산으로 전달하여, 아버지가 없는 상황에도 유산이 아들에게로 잘 전달되도록 미리 계획한 아버지의 깊은 지혜와 배려가 바로 이 병풍 속에 담겨 있던 것이었습니다.

이런 설교 말씀을 하셨습니다. 그러면서 선교사님은 갑자기 우리 교회를 향해 선포하셨습니다.

"능력교회! 하나님께서 이 '병풍의 은혜'를 여기 능력교회에 허락해 주셨습니다."

"여러분, 이 아들은 몇 년간 아버지가 남긴 그 병풍을 버리지도 못하고, 지게에다 병풍을 메고 다니느라 생고생을 했습니다. 그러나 결국 아버지의 숨겨진 유산이 그 병풍 속에서 발견되었습니다. 이렇듯 지금 우리의 눈에는 보이지 않지만 장차 여기 능력교회를 위해 숨겨진 아버지의 병풍 문서 같은 하나님의 뜻이 발견할 날이 머지않아 오게 될 것입니다!"

뭔가 좋은 말씀을 주신 것 같긴 한데, 무엇을 뜻하는 건지 선뜻 이해가 되지 않았습니다. 대신 한 가지 부합되는 건 있었습니다. 지금 우리 교회가 처한 상황이 그 '병풍을 멘 아들'의 형국과 똑 닮았다는 것입니다. 물려받은 병풍이 아버지가 마지막으로 남긴 유산이기에 차마 버리지도 못하고 아들에게 등짐이 되었듯, 화전동 토지 역시 하나님이 주신 선물은 분명했으나 실상은 우리를 고된 철거 작업과 온갖 허드렛일의 세계로 인도하는 무거운 짐 같은 땅이라 여겨졌던 것입니다. (물론 선교사님은 우리 교회에 얽힌 토지에 관한 내용은 전혀 모르고 계셨습니다)

2013년 4월. 드디어 우린 3년여에 걸친 작업 끝에 화전동 토지 위에 올려진 오래된 건물을 모두 철거하고 진짜 우리 토지를 확보했습니다. 일단 그 자체만으로도 너무나 마음이 후련했습니다! 그 확보한 토지 위에다 판넬로 조립식 건물을 지어, 앞으로 우리 교회를 위한 예비 교육관 공간을 마련했습니다. 이때 저는 건물을 짓기 전, '경계 측량'을 실시하여 혹여 경계로 인한 이웃 간에 마찰이 생기지 않도록 미리 조치를 해 두었습니다.

그런데, 측량을 하면서 의외의 사실 하나를 발견했습니다. 우리가 구입한 토지 바로 옆에 붙어 있는 80평가량의 큰 건물이 우리 토지 위로 올라타, 우리 땅 일부를 **점유**하고 있음을 발견한 것입니다! 그러나 이때는 별다른 조치를 취하지 않고 그 점유 사실을 인지하는 선에서 마무리를 지었습니다.

놀랍게도 선교사님이 우리 능력교회를 향해 선포하신 주님의 '병풍 문서'는 약 1년 후, 옆 건물이 우리 토지를 올라타 점유를 한 그 작은 7평의 땅 속에서 발견을 하게 되었습니다.

Chapter 16

새 신자 성도의 새 성전 드라이브

[눅 15:8-9]

8 어떤 여자가 열 드라크마가 있는데 하나를 잃으면 등불을 켜고

집을 쓸며 찾아내기까지 부지런히 찾지 아니하겠느냐

9 또 찾아낸즉 벗과 이웃을 불러 모으고 말하되 나와 함께 즐기자

잃은 드라크마를 찾아내었노라 하리라

2014년 3월의 어느 날, 교회에 긴급 현안이 발생했습니다. 개척 교회 성전이 세워져 있는 덕은동 토지가 타인에게 매각된 것입니다. 이제 앞으로 남은 시한은 3개월. 석 달 안에 우리 교회는 새로운 장소를 찾아 이전을 해야 했습니다. 교회의 이런 비상상황에서 우린 인근의 수많은 장소에 돌아다녔습니다. 교회에서 나름 가까운 곳으로 여겨지는 수색을 비롯해 화정, 행신, 구산 등 적당한 교회 자리를 찾아내기 위해 발품을 팔고 또 팔았습니다. 그런데 다녀 보면 볼수록 결론은 한 가지에 도달했습니다. 바로 임대료 문제였습니다. 조금 괜찮은 자리 같으면 월 200만 원 이상 금액을 요구하였고, 저렴한 곳은 약 7~80만 원 정

도의 비용이었습니다. 안타깝게도 비용이 저렴한 곳은 역시 하나같이
후미지고 낙후되어 들어가기가 망설여지는 곳이었습니다.

'주여, 우리 교회가 어디로 가는 것이 주님의 뜻입니까?'
'우리의 발걸음을 인도하여 주시옵소서.'

거듭된 기도와 고민의 시간을 보냈습니다. 그러다 우리 교인들 사이
에서 한 가지 의견이 나왔습니다. 여러 해 걸친 공사를 통해 마련한 화
전동 교육관을 새로운 예배 처소로 활용해 보자는 방안이었습니다. 그
런데 솔직한 제 마음으론, 정말 그곳만큼은 가고 싶지 않았습니다. 왜
나면 화전동 안동네라는 곳은 지금 우리 개척 교회가 있는 덕은동보다
오히려 더 낙후된 곳이었기 때문입니다. 그러나… 사람이 살다 보면
만약의 상황이라는 것이 있을 수 있으니, 혹시 모를 상황을 대비하는
차원에서 현황을 점검해 보기로 했습니다. 그래서 다시 한번 판넬 건
물의 내부 면적을 확인해 보니 대략 15평 정도였습니다. 지금 덕은동
성전이 30평인데, 아무리 봐도 교회 본당으로 쓰기엔 공간이 너무 좁았
습니다. 만일 이곳을 예배당 처소로 사용한다면, 건물 확장은 불가피
했습니다.

이때 문득 한 가지 생각이 떠올랐습니다. 지난번 경계 측량 때 발견
한, 옆집 건물이 우리 토지 일부를 올라타 침범해 있는 사실이 생각이

난 것입니다! 그럼 기왕 교회의 이전 이야기가 나온 이때, 옆집 건물이 우리 땅을 얼마나 점유하고 있는지 현황을 확실하게 파악해 볼 필요가 있다는 생각이 들었습니다. 그래서 이번엔 지적 공사에 의뢰해 '현황 측량'을 실시했습니다. 측량 결과, 옆집 건물이 우리 땅 위로 7평 정도를 점유한 사실을 확인하게 되었습니다. 얼마 후 측량 결과지를 들고 옆집 집주인 댁을 방문했습니다. 그리고 우리 교회 토지와 옆집 건물 사이에 얽힌 현황에 대해 자세히 설명을 해 드렸습니다. 그러면서 우리 교회가 처한 사정을 말씀드리며 이에 따른 적절한 조치를 취해 주실 것을 정중히 부탁드렸습니다. 며칠 후에 주인 어르신으로부터 연락이 왔습니다.

"이보게, 젊은이. 내 이번에 자네가 준 측량 결과지를 보며 며칠간 고민을 해 봤네. 만일 자네 땅에 올라간 내 건물을 일부라도 철거하게 되면 내 건물 전체가 망가지게 돼 있고, 그렇지 않고 내 건물이 올라간 만큼만 자네 땅을 분할해서 산다는 것도 현실상 어려운 일인 것 같네."

그러면서 옆집 어르신은 제게 한 가지 중요한 제안을 하셨습니다.

"그래서 말인데, 우리 서로 이렇게 합세나. 마침 여기 화전동 큰 길가 쪽에 내 땅이 있네. 한 50평 좀 넘는데 그 옆에 시유지도 한 30평 정도 되지. 거기면 자네 교회 땅으로 적당할걸세. 그래서 큰 길가에 있는 내

땅과 안동네 있는 자네 땅을 서로 맞교환 하는 방식으로 거래를 하는 게 어떤가.”

그러한 어르신의 제안을 듣고 저는 속으로 ‘할렐루야~’를 외쳤습니다. 왜냐면 그 땅은 2009년 경매로 구입한 후, 2014년이 되도록 전혀 활용을 하지 못해 발만 동동 구르고 있었기 때문입니다. 몇 년의 공사 끝에 오랜 건물을 다 철거하고 그 곳에 판넬 건물까지 지어놨지만 그뿐이었습니다. 여러 번 부동산에 내놓아 보았지만 여기가 맹지라 차량 진입이 안 되니 창고 임대조차 되지 않았습니다. 더구나 이 땅을 구입하려는 작자는 아예 나타나지 않았습니다. 그런데 생각지도 않게 옆집 어르신이 직접 나서 이 안동네 땅과 큰 길가 쪽 땅과 맞바꾸자고 하니 이보다 더 좋은 제안이 있을 수 없는 것이었습니다.

그런데 여기에 한 가지 중요 문제가 남아 있었으니, 바로 토지 구입 자금의 마련이었습니다. 어르신이 제안한 길가 땅 토지 금액은 약 3억 2천이었는데, 우리 땅은 많이 받아야 7천만 원 정도 밖에 되지 않았습니다. 개척 7년차라곤 하지만 모은 돈이라곤 전혀 없는 우리 교회가 감당하기엔 다소 벅찬 금액이 요구된 상황이었습니다. 그런데 주님은 바로 이때를 위하여, 기막힌 은혜를 미리 예비해 놓고 계셨습니다.

덕은동 성전의 ‘이사 이슈’가 생기기 약 6개월 전, 한 여자 성도 분께서 우리 교회에 오셨습니다. 이분은 제 친구 아버지 류응상 집사님의 전도를 받아 '교회'라는 장소에 처음 발걸음을 옮긴 분이셨습니다. 그런데 덕은동 성전 입구에 첫 발을 디딘 날, 이 분은 교회 안으로 들어오지 않았습니다. 실망한 듯 교회 문 앞에서 고개를 떨군 채 한동안 말없이 서 계셨습니다. 제가 직접 나가 예배당 안으로 들어오시라 권했지만 제 말도 듣지 않으셨습니다. 알고 보니 난생 처음 교회라는 곳에 오면서 나름 멋진 외관을 기대했는데, 거의 '판자촌'을 방불케 하는 우리 교회 외관에 너무 실망하신 것이었습니다. 그래서 예배당 안에 못 들어오고 도로 집으로 갈까 망설이고 계셨던, 그런 분이었습니다. 이렇게 우리 교회와 독특한 인연을 맺은 초신자 성도님이었지만, 이후로는 예상 외로 여러 면에서 교회 생활에 잘 적응해 가셨습니다. 출석도 거의 빠짐없이 잘하셨고 교회에도 항상 일찍 오셨습니다.

그런데 이분이 우리 교회로 출석하신지 6개월 정도 된 어느 날, 우리 교회 덕은동 토지가 갑자기 매각되어 자리를 비워 줘야 하는 상황이 발생한 것입니다. 대개 이런 경우 보통의 초신자는 교회 문제에 관심을 가지기가 쉽지 않은데, 이 분은 좀 달랐습니다. 전도하신 류집사님을 통해 전해들은 바로는 연약한 우리 교회가 앞으로 어디로 옮겨 가게 될는지, 참으로 걱정이 많다고 하셨습니다.

그러던 어느 날 류집사님에게서 연락을 받았습니다.

맨땅 개척 미라클 챌린지

"서목사님. 잘 지내셨죠? 목사님께 한 가지 드릴 말씀이 있습니다. 사실 어제, 제가 전도한 그 새 신자 성도로부터 연락이 왔어요. 잠깐 만나자고 하길래 인근 식당에서 만나서 점심을 먹었습니다. 그런데 식사를 다 마치고 나서 그 성도가 가방을 열더니, 대뜸 통장 하나를 꺼내 저에게 주시는 거예요. 그 안에 금액을 보니 2천만 원이 들어있었습니다. 그러면서 저에게 이렇게 말씀하셨어요.

'집사님. 처음부터 이 돈은 제 것이 아니라, 정말 하나님 것 같다는 생각을 했어요. 마침 우리 교회에 이사 문제가 있다고 들었습니다. 지금도 목사님들이 교회 자리를 알아보느라 여기저기 알아보고 다니신다고 하는데요. 저는 우리 교회가 다른 곳에 세를 들어가지 않고 조그맣게라도 건물을 지어서 들어갔으면 좋겠어요. 부디 저의 이 헌금을 교회를 건축하는 데 써주셨으면 좋겠습니다.'

이렇게 새 신자 분께서 말씀을 하시면서 저에게 통장 하나를 건네 주셨습니다. 서목사님, 조만간 저와 함께 그 새 신자 분을 만나 주셔야 할 것 같습니다."

저는 그 소식을 듣고 너무 놀랐습니다.

'세상에! 우리 교회에 온 지 얼마 되지 않은 새 신자 성도가 그것도 초라한 교회 외관에 너무 실망해 예배당 안으로 들어오기조차 거절했던 분이, 어떻게 신앙생활 6개월 만에 이런 큰 금액의 헌금을 할 수 있는 가?' 정말 놀랍고 감사할 뿐이었습니다.

그로부터 며칠 후, 저와 새 신자 성도님 그리고 류집사님 이렇게 셋 이서 서울 신촌에 있는 모 은행에서 만났습니다. 헌금해 주신 2천만 원 을 출금하기 위해서였습니다. 출금하기 전, 은행 창구 앞 의자에 함께 모여 잠깐 기도를 했습니다. 그런데 저희의 기도하는 모습을 은행의 어떤 직원 분이 본 모양입니다. 창구에 가서 출금을 요청하는데, 은행 직원이 새 신자 성도에게 확인을 했습니다.

"고객님. 이 돈 2천만 원 출금하는 거 정말 본인 의사가 맞으세요? 본 인이 원해서 출금하시는 거 맞는 거냐고요. 혹시 강요나 또는 속아서 하는 것 아니시죠?"

몇 차례에 걸쳐 확인하고 또 확인했습니다. 은행 직원 분이 보기엔 혹시 젊은 사이비 목사에게 속아 2천만 원이나 되는 거액을 갈취당하 는 게 아닌가 걱정이 되었던 모양입니다.

이로서 새 성전 터 구입을 위한 첫 헌금 2천만 원이 마련되었습니다. 이러한 새 신자 성도의 헌금 소식은 곧장 우리 능력교회 성도들에게 전

맨땅 개척 미라클 챌린지

달되었고, 이 사실은 교회의 기존 직분자들에게 큰 도전을 주었습니다.

"아니, 교회 출석한 지 6개월밖에 되지 않은 새 신자 성도도 이렇게 큰 금액을 드리는데, 우리가 가만히 있어도 되겠습니까? 우리도 힘을 모아 주님께 헌신합시다!"

이렇게 해서 새 성전 건축을 위한 헌금 모금에 첫 드라이브가 걸렸습니다. 개척 후 첫 건축 작정 헌금 모금이 있는 주일, 아이들까지 약 30명 정도가 모였습니다. 온 성도가 각자의 분량대로 힘을 다해 헌금 작정을 했고, 총 금액 1억 1천만 원이 모금되었습니다! 연약한 성도들이 모인 개척 교회에서, 개척 7년 만에 이 정도의 작정 헌금이 나온 것은 매우 놀라운 일이었습니다. 이러한 건축 헌금에다 기존 화전동 안동네 토지 매각 비용까지 더해지니, 이제는 옆집 어르신이 제안한 상호 교환 매매가 가능하게 되었습니다.

너무나 감사한 건, 불과 얼마 전만 해도 임대할 곳을 찾아 발품을 팔았던 우리였는데, 생각지 않은 새 신자 성도님의 헌금 드라이브 덕분에 새 성전 터 구입이 가능하게 되었다는 사실입니다. 이사 이슈가 나온 지 두 달이 채 안 된 2014년 5월, 드디어 매매 계약이 이루어졌습니다. 큰 길가 땅 화전동 382-15번지(52평, 시유지 25평, 3억 2천만 원)와 화전동 안동네 413-3번지(22평, 맹지, 6천 3백만 원)의 교환 매매 계약이 이루어진 것이었습니다.

7년 전, 한 푼의 돈도 없이 쫓겨나 빈손으로 시작한 우리 교회는 개척 2년 만에 7천만 원 토지를 은혜로 공급받고, 다시 그 땅을 발판삼아 개척 7년 만에 3억 2천만 원 토지로 도약하게 되었습니다. 물론 토지 담보대출을 많이 받긴 했지만 말입니다.

무허가 건물 속에서 7년이라는 개척의 고된 시기를 보낸 우리에게, 이로써 화전동 도로변 부지에 정식 허가 건물을 지을 수 있는 새로운 토지가 마련이 되었습니다. 마치 톱니바퀴가 맞물려 돌아가듯, 어떻게 이 모든 일들이 한 치의 오차 없이 진행될 수 있었는지, 주님의 예비하심의 은혜에 그저 감격할 따름이었습니다.

그러고 보니 몇 해 전 우리 교회에 찾아오셔서 주일 강단에서 외치신 선교사님의 **'병풍의 은혜'** 설교가 생각이 났습니다. 우리에게 머지않아 아버지의 숨겨진 뜻이 드러날 것이라고 말씀하셨는데, 정말 생각지도 않은 이런 후미진 화전동 안동네 7평 땅에서 하나님이 주신 '토지 문서'를 발견한 셈이 되었습니다. 그렇게 결국 우리 교회는, 22평의 맹지 땅을 디딤돌로 삼아 하나님이 예비해 놓으신 80평 길가 땅으로 도약하게 되는 놀라운 은혜를 누리게 되었습니다.

　화전동 건축에 드라이브를 건 새 신자 성도님은 어느덧 우리 교회 일
꾼으로 성장해 권사님이 되었습니다. 게다가 그동안 신앙과는 상관없
이 지낸 불신자 남편까지 전도하여 이제는 우리 교회에 여러 가지 중
요한 역할을 감당하는 신실한 믿음의 가정이 되었습니다. 이렇게 모든
일을 미리 예비하시고 놀라운 일을 이루신 하나님께 모든 영광과 감사
를 올려 드리며, 특히 화전동 새 성전 시대를 맞이할 수 있도록 드라이
브를 건 박정자 권사님과 함께 협력한 모든 능력교회 식구들에게 풍성
한 주님의 축복을 간절히 소망합니다.

제4부

◆

연단, 그리고 도약을 위한 준비

Chapter 17

해골 테트리스

[고후 10:4]

우리의 싸우는 무기는 육신에 속한 것이 아니요 오직 어떤 견고한

진도 무너뜨리는 하나님의 능력이라

2014년 6월 29일. 덕은동 성전에서의 마지막 예배를 끝으로 능력교회 덕은동 시대를 마무리 지었습니다. 정말이지 정든(?) 덕은동이란 말은 하고 싶지 않았습니다. 도리어 성경 출애굽기에 빗대어, **'출덕은기'** 라 부르고 싶을 정도로 덕은동에서의 개척은 쉽지 않았습니다. 그러나 돌이켜보면 몸부림치듯 보낸 이 7년의 기간은 곧 우리 교회의 초석을 다진 기간이었습니다. 장로님들을 비롯해 안수집사, 권사 등 주요 직분자들을 세워 교회의 내적 기틀을 갖추게 되었고, 무엇보다 빈손으로 시작한 교회가 화전동 토지 구입이라는 성장을 이루어 화전동 성전 시대를 열 수 있도록 준비한 시간이었습니다. 힘겨웠던 덕은동을 벗어나 새로운 곳으로 옮겨가는 것 자체만으로 감사하고 또 감격스러웠습니다.

능력교회 화전동 새 부지는 30사단 군부대 정문 맞은편 쪽에 위치해 있었습니다. 땅의 크기는 시유지 포함 총 80평가량으로, 개척을 시작한 덕은동보다 배는 더 컸습니다. 다만 땅 모양이 삼각형이라 건물 평수가 작게 나온 건 아쉬운 대목이었습니다. 대지 52평 가운데 도로로 4평이 빠졌고, 이런저런 규제 사항을 적용하고 나니 허가 면적이 20평 정도밖에 나오지 않았습니다. 이 정도 공간으로는 예배당으로선 너무 작았기 때문에 준공 후 시유지 부분에 추가 확장 공사를 진행하도록 미리 계획을 세웠습니다.

건축 공사를 앞두고 교회 통장을 확인하니 잔고가 대략 2천 5백 정도였습니다. 이 금액은 건축 헌금과 대출을 총동원해 토지 매매 대금을 치른 후 남은 금액이었습니다. 한마디로 우리의 재정 여력이 딱 2천 5백이었던 셈입니다. 그럼에도 저는 별다른 걱정을 하지 않았습니다. 건축에 관한 지식이 전무한 저는 제 나름의 순진한(?) 계산법으로 모든 상황을 낙관하고 있었기 때문입니다.

'그래. 지인 분의 말에 의하면 판넬 건물을 공장형으로 지으면 보통 평당 100만 원이면 된다고 했다. 우리 교회는 허가 면적 20평이고, 나중 추가 공사를 20평 정도 하면 총 40평이니 그럼 대략 4000만 원 정도면 공사가 가능하다는 얘기다.'

'뭐 흔히들 건축 공사는 예상보단 돈이 더 많이 든다고 하지만, 모자

란 금액은 그때 가서 채우면 된다. 우선 시작부터 해 보자.'

　이렇게 해서 저희 교회의 이른바 '단순 무식'형 화전동 성전 건축 공사가 시작되었습니다. 공사 진행은 설계 사무소에서 소개시켜준 '윤 사장'이라는 분이 담당해 주시기로 했습니다. 소개해 준 분이 이분도 예전에 신학교를 다닌 전도사 출신이라 교회 공사에 있어서는 다른 데보다 나을 것이라 했기에 저는 믿고 맡겼습니다.

　화전동 건축의 첫 번째 공사는 역시 철거 공사였습니다. 우리 토지 경계 끝부분에 오랜 폐가가 있어 철거가 불가피했습니다. 안동네에서 그토록 지겹게 한 철거 공사를 또다시 마주한 것이었습니다. 다만 안동네와는 달리, 이곳은 포크레인 장비를 써서 철거를 한다는 점이 그나마 위로가 되었습니다. 그러나 이때도 저와 부목사님이 또다시 공사판에 투입이 되어 보조(시다) 역할을 하였습니다. 같은 25톤 덤프트럭이라도 일반 쓰레기와 흙은 처리 비용 단가 차이가 엄청났기에, 돈을 한 푼이라도 아낄 요량으로 폐기물 위에 올라 하루 종일 쓰레기를 골라내었습니다. 작업이 얼마나 험하던지, 군인 전투화를 신은 제 발밑으로 대못이 뚫고 들어와 발을 찔릴 뻔한 위기를 몇 번이나 넘겼는지 모릅니다.

　건축이 진행되는 동안 전 주일에만 목사일 뿐 나머지 날은 노가다 인부였습니다. 매일 건축 현장에 출근해 함께 일을 하면서 공사판 일

　　　　　　　　　　　　　　　맨땅 개척 미라클 챌린지

을 익혔습니다. 그런 가운데 갓따(절단기), 다루끼(각목), 오비끼(큰 각목), 기레빠시(남은 쪼가리)같은 생소한 일본식 건축 용어들이 어느새 제 입에도 착 달라붙은게 되었습니다.

정화조 매립 공사를 마친 어느 날, 아침에 현장에 가 보니 나와 있는 사람이 아무도 없었습니다. 뭔가 이상하다 싶어 윤 사장에게 전화를 해 보니 전화가 끊어지면서 바로 문자가 왔습니다.

"목사님. 오늘부터 공사 안 합니다. 죄송합니다."

문자를 읽고 너무나 황당해 처음 몇 초간은 어안이 벙벙했습니다. 그러다 일단 다시 전화부터 했습니다. 역시나 받지 않았습니다.

"아니, 애들도 아니고 이런 식으로 공사를 때려치우고 가는 경우가 어디 있어요?"

따져 묻기 위해 여러 번 전화를 걸었지만 아에 받지를 않았습니다. 아무래도 우리 교회 공사로는 돈이 안 된다고 판단한 모양이었습니다. 갑작스런 건축 중단 사태에 업자를 소개시켜 준 설계 사무소도 답답해 했습니다. 며칠 후 소장님으로부터 전화가 왔습니다.

"목사님. 공사 때려치우고 간 그 전도사라는 사람 있죠? 알고 보니…
이단 교회 출신의 전도사였습니다!"

오 마이 갓! 불행인건지 다행인건지 헷갈렸지만 어쨌든 교회 건축
공사는 착공 한 달 만에 중단되었습니다. 그러는 사이 우린 공사비로
1500만 원 이상을 썼습니다. 아직 건물을 세우기 위한 기초 방석도 못
쳤는데 말입니다.

'안 된다! 무슨 일이 있더라도 건물 방석만은 쳐야 한다.'

이때 생각지 않은 도움의 손길이 나타났습니다. 구세군 아현 교회를
섬기시는 김용환 정교(구세군 장로직)님이 우리 교회를 찾아오신 것이
었습니다. 이분은 탁월한 목수 기술자로서 젊은 시절 김광자 원로목사
님의 어머니이신 강원복 정교님의 전도를 받아 예수를 믿게 된 분이셨
는데, 우리 교회의 건축 소식을 듣고 도움을 주러 찾아오신 것이었습니
다. 연세가 이미 70대 중반을 넘긴 고령의 어르신이었지만 믿음에 있
어서나 체력에 있어서나 놀랍도록 건재하셨고 무척 빠른 속도로 일을
잘하셨습니다. 이러한 김용환 정교님의 작업 지시를 받아 저와 부목사
님은 부지런히 방석을 앉힐 거푸집을 만들었습니다. 이번엔 우리 능력
교회 교인들, 특히 여성분들까지 동원해 함께 철근 작업을 했습니다.
그렇게 가까스로 방석 공사는 마무리됐고 약 500만 원의 비용이 소요

맨땅 개척 미라클 챌린지

되었습니다. 이제 남은 돈은 딱 500만 원.

'주여! 이젠 정말 단돈 오백만 원 남았습니다. 그런데 이것으로 어떻게 성전 건축 공사를 진행한단 말입니까….'

생각해 보니 건축에 완전 젬병이었던 저는, 공사비 계산에 있어 '토목 항목'을 전혀 고려하지 않았던 것입니다! 그런데 건물 골조를 세우기도 전에, 토목 공사만으로 가진 재정을 거의 다 쓴 상황이었습니다. 앞으로 어떻게 건물을 세울 자금을 마련해야 할지 참으로 답답하고 막막하기만 했습니다.

그런 걱정을 안고 잠이 들어서인지 그날 밤 정말 희한한 꿈을 꾸었습니다. 그 꿈속에서 저는 돌연 '테트리스 게임' 선수가 되어 있었습니다. 테트리스 게임은 보통 초보 단계는 텅 빈 화면으로 시작합니다. 그러다 난이도가 올라갈수록 화면에 장애물이 점점 많아지게 되어 있습니다. 그런데 저의 경우는 화면 한 가운데에 거대한 해골 형상이 꽉 들어찬 채 게임을 시작하는 초고난도 상황에서 시작하게 되었습니다. 보통 이럴 때 특별한 경우를 제외하고선 게임 결과는 자명합니다. 빠르게 내려오는 블록들이 순식간에 위로 쌓이게 되면서 금방 게임 오버(game over)가 선언되고 게임은 끝나게 됩니다. 저 또한 거대한 해골 형상의 장애물로 인해 시작과 동시에 게임이 끝나 버릴 그런 상황이었습니다.

'아, 이걸 대체 어떡하지?' 하는 찰나, 게임이 시작되었습니다. 위에서 빠른 속도로 테트리스 블록들이 내려오기 시작했습니다. '이제 끝났구나….' 하는데, 순간 신기한 일이 벌어졌습니다. 홀연히 불 같은 손이 나에게 오더니 조종 스틱을 잡은 제 손 위를 덮어 주셨습니다. 그리고 그 덮은 손이 나를 대신해 움직여 주셨습니다. 직접 손잡이를 조종해 주시는데 상상을 초월한 스피드로 틈새마다 블럭을 정확하게 넣어 주셨습니다. 마치 거대한 불꽃이 움직이는 것 같았습니다.

이렇게 해골 형상의 빈 공간에 블록들이 빈틈없이 채워지자 테트리

　　　　　　　맨땅 개척 미라클 챌린지

스 게임처럼 한 줄씩 지워지기 시작했습니다. 그렇게 불같은 손은 계속해서 움직여 해골 형상의 빈 공간에 정확히 블록을 채워 넣었고, 계속해서 한 줄씩 지워져 내렸습니다. 그러자 거대했던 해골 형상의 크기는 점점 줄어들기 시작했습니다. 어느새 해골 형상이 절반 가량 지워지자 그 사이 사이에 숨겨졌던 폭탄들이 갑자기 터지기 시작했습니다. 순간 마치 한강 불꽃 축제같이 엄청난 불꽃 폭죽이 일어났습니다. 그와 동시에 거대한 해골 형상에 불꽃이 터지면서 결국 펑~ 하는 소리와 함께 산산조각이 나더니 깨끗하게 사라졌습니다. 깜짝 놀라 눈을 떠 보니 꿈이었습니다.

깨자마자 보통 꿈이 아님을 깨달았습니다. 이건 분명 징조가 있는 꿈이고 주님의 메시지가 담긴 꿈이라는 확신이 들었습니다. 그러면서 문득 이번 화전동 건축에 대한 한 가지 메시지를 깨달았습니다. 만약 건축 공사를 지금처럼 내 계획대로만 진행했다면, 해골 같은 난관으로 인해 우리 교회 공사는 시작하자마자 실패했을 것입니다. 그런데 이 실패가 뻔한 공사에, 주님의 불같은 권능의 손이 임하여 빈 곳을 모두 채워 주심으로, 결국 거대한 해골 같은 난관을 모두 날려 버리고 결국 건축 공사에 놀라운 승리를 주신다는 메시지 같았습니다. 꿈이지만 너무나 은혜롭고 힘이 되는 메시지였습니다.

이렇게 비록 착공 한 달 만에 중단된 건축 공사였지만 고난이 우릴 더욱 단단하게 만들었습니다. 이때부터 우리는 성도들과 함께 화전동 새 성전 터에 모여 기도를 시작했습니다. 중단된 공사 현장에 밤마다 모여 텐트를 치고서 찬송과 기도를 시작하니 예전보다 더 큰 힘과 능력이 부어지는 것 같았습니다. 이것을 통해 마주한 현실 앞에서 불안과 두려움에 눌리기보다, 주님의 약속을 붙잡고 크신 일을 이루신 하나님을 기대하며 기다리고 기도하는 법을 배워 가도록 이끌어 주셨던 것이었습니다. 이 같은 큰 난관에 처한 우리 교회 건축 공사 앞에 하나님의 신적 개입과 역사하심이 나타나는 때, 즉 카이로스의 시간이 기다리고 있었습니다.

Chapter 18

로뎀 나무의 천사들

[왕상 19:5]

로뎀 나무 아래에 누워 자더니 천사가 그를 어루만지며 그에게 이
르되 일어나서 먹으라 하는지라

교회를 개척한 이래 숱한 어려운 시기를 보냈지만, 웬만해선 다른 교
회나 사람에게 손 벌리는 일은 좀처럼 없었습니다. 개척 초창기 몇 번
에 걸쳐 타 교회에 편지를 써 보기도 하고 몇 분 목사님들을 만나 뵙기
도 했지만 도움보다는 도리어 실망스러운 일이 많았습니다. 이러한 거
절의 경험 이후, 누군가 도움을 줄 만한 사람을 찾아다니기보다는 도리
어 묵묵히 기도하며 기다리는 게 저에게 하나의 신앙 습관으로 자리 잡
았습니다.

그러나 이번의 경우는 달랐습니다. 지난 '해골 테트리스' 꿈을 통해서
주님이 저에게 신호를 주셨다는 확신을 가졌습니다. 이렇게 주님의 사
인을 받은 이상 가만히 있을 수는 없었습니다. 좀 더 적극적으로 주님

의 인도하심을 위해 기도했고, 주님의 감동하심에 따라 모교회인 서울
보은교회 손덕현 담임목사님을 찾아뵈었습니다.

"안녕하십니까, 목사님. 오랜만에 뵙습니다."

"그래, 서목사. 잘 지냈나? 교회는 평안하고? 무슨 일로 왔나?"

"네. 목사님. 사실 저희가 지금 교회를 건축 중에 있는데, 이 부분에
대해서 목사님과 의논을 좀 드릴 게 있어서 찾아뵙게 되었습니다."

그 자리에서 저는 담임목사님께 우리 교회의 지나온 발자취에 대해
간략히 말씀드렸습니다. 덕은동에 중고 판넬로 교회를 개척한 이야기
부터, 화전동에 첫 교회 땅을 마련한 이야기, 그리고 최근 건축을 시작
했지만 한 달 만에 공사가 중단된 이야기까지 현재 교회가 처한 어려움
에 대해서도 솔직하게 말씀을 드렸습니다.

그러자 제 이야기를 들으신 목사님은,

"그랬구나, 서목사. 이토록 개척이 어려운 시기에 교회를 유지해 나
가는 것만으로도 참으로 대단한 일인데, 이렇게 성장해서 교회 지을 땅
까지 마련했다니 정말로 기특하데이."

이런 덕담까지 해 주셨습니다. 그러면서,

   맨땅 개척 미라클 챌린지

"조만간 날짜 잡아서 주일 오후 예배 때 부를 테니, 잘 준비해서 우리 교회 와서 설교 한번 하그레이. 알것제?"

이렇게 담임목사님의 배려로 저의 모 교회 설교 시간이 마련되었습니다. 그런데 원래 목회자들 사이에서 하나의 불문율이 있습니다. 되도록 출신 모 교회에서는 설교를 하지 말라는 말입니다. 그만큼 부담스러운 자리라는 의미입니다. 더구나 설교 잘하시기로 유명한 손덕현 목사님과 보은교회 성도들 앞에서. 정말 그야말로 부담 그 자체였습니다. 그러다 문득 500만 원의 잔고가 있는 우리 교회 통장이 머릿속에 떠올랐습니다. 저는 이런 고민조차 사치에 불과한 현실을 깨닫고 각오를 다졌습니다.

며칠 후 결전의 날이 다가왔습니다. 모 교회에서 설교하는 바로 그날이 된 것입니다. 속으론 무척이나 긴장이 되었지만 되도록 웃으며 여유 있는 모습으로 본당에 들어갔습니다. 그 때가 마침 오후 찬양 예배 시간이라 온 성도들이 뜨겁게 찬양을 드리는 중이었습니다. 그런데 회중석 자리에 앉아 기도를 시작하는 순간, 갑자기 저에게 주체할 수 없는 눈물이 쏟아지기 시작했습니다. 이유를 알 수 없는 눈물이었습니다. 머릿속에는 '지금 내가 왜 울고 있지?'를 생각하는데, 저의 영혼 깊은 곳에서 감당할 수 없는 감사와 감격의 눈물이 쏟아져 나왔습니다. 오후 찬양 시간 내내 울었습니다. '이러다 강단에서도 눈물이 멈추지 않으면 어떡하지?' 걱정이 될 정도로 울었습니다. 다행히 대표기도 하시는 분의 기도가 끝나갈 무렵 제 울음도 멈추었고, 눈물을 닦고 아무렇지 않은 듯 강대상에 올랐습니다.

설교를 준비할 때는 여러모로 긴장도 되고 걱정도 많이 됐는데 막상 강단에 서 보니 생각보다 긴장이 되지는 않았습니다. 그날 한 시간가량 설교를 했는데, 감사한건 성도 대부분이 말씀 한마디 한마디에 '아멘'과 '웃음'으로 화답해 주셨다는 것입니다. 설교를 마친 후에 중등부 시절 선생님이셨던 장로님께서 저를 찾아오셨습니다. 그리고는 제 등을 두드려 주시며 '서목사님, 이번이 모 교회 첫 설교인데 좀 긴장하고 떨었어야 정상이 아닌가?' 농담을 건네셨습니다.

사실 이날 제 설교의 핵심 포인트는 아버지에 관한 간증이었습니다. 설교하기 하루 전날, 어머니께 미리 상의드렸습니다.

"엄마. 아버지의 그 옛날 스토리 있죠? 외박과 도박 이야기들요. 내일 설교 때 좀 찐하게 말할 계획이에요. 근데… 엄마가 허락하시면 하고 안 하시면 하지 않을게요. 어떻게 할까요?

"니 아버지 천국 가고 없는데 뭐 어떠냐…."

"교인들이 좀 놀라지 않을까요? 아빠가 그런 분인지 모르는 분들도 많을 텐데, 괜찮을까요?"

 맨땅 개척 미라클 챌린지

"할 수 없지, 뭐. 천국에서 니 아빠 얼굴이 빨개지것다. 그래도, 은혜가 될 것 같으면 해."

"네, 엄마. 알았어요. 근데… 좀 각오 하셔야 할 거예요."

　제가 모 교회에서 설교를 했을 시점은 아버지가 병환으로 소천하신 지 몇 달밖에 지나지 않아 아버지를 그리워하는 분들이 많았던 때였습니다. 그간 10년이 넘도록 시무 장로로 섬기면서 주님을 향한 충성과 목사님을 향한 존경의 모습만을 보아 온 분들에게, 아버지의 옛 이야기는 자못 충격이었을 것입니다. 솔직히, 저희 아버지에 관한 옛 이야기는 자랑거리가 아닙니다. 오히려 우리 집안의 부끄러운 이야기입니다. 그럼에도 불구하고 그날 설교 때 우리 집안 이야기를 고백했던 이유는, 진토 가운데 살았던 우리 가정을 건져 내어 주신 은혜가 너무나 확실했기 때문에, 그리고 아버지의 회심을 통해 '주님 안에는 정말 불가능이 없음'을 증거하고 싶었기 때문입니다. 한 가지 더 말하면, 혹시 성도들 가운데 지난날 우리 가족들처럼 남모르게 한숨과 눈물로 사는 분들이 있다면 제 아버지의 회복 이야기를 통해 주님의 위로와 희망을 주고 싶었던, 바로 이러한 이유 때문이었습니다.

　그렇게 설교가 끝난 후 당회실에 들어갔습니다. 어떤 장로님이 장로석 한 자리를 가리키시며, 여기가 생전 서장로님께서 앉으시던 자리라며 절더러 그 자리에 앉으라고 하셨습니다. 그렇게 당회원들과 덕담과

담소를 나눈 뒤, 담임목사님이 내게 오셔서 두 개의 봉투를 건네 주셨습니다. 하나는 교회 당회에서 다른 하나는 오늘 설교 때 성도님들이 모금해 주신 헌금이라 하셨습니다. 당회 봉투에는 천만 원이 담겨 있었고, 다른 한 봉투에는 성도들의 사랑이 담긴 헌금 1150만 원이 들어 있었습니다. 그날 단 한 번의 설교로 건축에 쓰일 2150만 원이 마련되는, 정말로 기적과 같은 일이었습니다.

놀라운 건, 주의 은혜가 이것으로 끝이 아니었다는 사실입니다. 모교회 설교를 마치고 며칠이 지난 어느 날, 학창시절 교회 고등부 선생님이셨던 김진환 집사님으로부터 전화가 왔습니다.

"서목사님. 지난번 주일 설교 때 은혜 많이 받았습니다. 혹시 목사님, 이번 주 시간 되세요? 소고기 한번 대접하고 싶은데 얼굴 한번 봐요."

그렇게 해서 집사님 부부와 수색역 인근 식당에서 만나게 되었습니다. 그날 집사님은 맛있는 소갈비를 사 주신 다음, 일어나기 직전에 슬쩍 제게 봉투 하나를 내밀며 말씀하셨습니다.

"목사님. 앞으로 능력교회 건축에 작은 도움이라도 됐으면 좋겠어요. 저희도 기도할게요."

나중에 보니 그 안에 무려 천만 원이 담겨 있었습니다. 어찌 보면 교회에서 선생과 제자로 만난 그저 작은 인연일 수 있는데, 어떻게 제게 이러한 큰 도움을 주실 수 있는지 너무나 감사하고 감격스러웠습니다. 저에게는 김진환 집사님 가정을 비롯한 서울 보은교회 성도님들이, 연약한 우리 교회를 돕기 위해 주님이 보내 주신 로뎀나무 천사들이었습니다!(왕상19:5)

교회 건축 중단 후 이어진 일련의 사건을 통해 얻은 확실한 교훈은, 하나님께서 얼마나 정확한 때에 정확한 방법으로 도우시는가였습니다. 이것에 대해서는 누구보다 제 자신이 가장 강력한 체험을 했습니다. 감사와 감격의 연속이었고 은혜 위에 은혜였습니다. 그야말로 한 편의 드라마가 따로 없었습니다. 이렇게 모 교회 헌금을 통해 모인 3150만 원과 기존 잔고 500만 원, 그리고 우리 성도님들의 건축 헌금 600만 원 정도가 모여 4천만 원의 건축자금이 모였습니다. 결국 이런 천사 같은 분들의 큰 사랑에 힘입어 좌초 위기에 빠진 능력교회 화전동 성전 건축을 다시금 시작할 수 있게 된 것이었습니다!

2014년 11월 경. 그간 중단됐던 교회 건축 공사가 다시 시작되었습니다. 그해 겨울에 시작한 공사는 이듬해 봄인 3월까지 1차 공사를 마무리했습니다. 그리고 준공을 받은 몇 달 후 2차 추가 공사를 진행하여 9월 무렵 40평 성전 공사를 완공하였습니다. 2015년 10월 15일, 감격적인 입당 및 장로 임직 감사 예배를 드림으로써 그간의 화전동 성전 건축의 모든 여정을 마무리하게 되었습니다.

화전동에서 입당 예배를 드리던 날, 주님의 특별한 은혜가 부어졌습니다. 입당 예배에 참석한 타 교회 성도 가운데 어떤 분이 손가락 류마티스 관절염으로 많이 고생하며 지내셨는데, 찬양의 시간에 간절한 마음이 들어 기도를 드리는 순간 그렇게 아프고 고생한 손가락 류마티스 관절염이 깨끗하게 낫게 되었다며 우리 교회가 정말 '능력' 교회가 맞다며 복된 치유의 소식을 전해 주었습니다. 참으로 놀라운 주님의 은혜가 아닐 수 없었습니다.

화전동 성전 입당

맨땅 개척 미라클 챌린지

장로 임직식

[고전 2:9]

하나님이 자기를 사랑하시는 자를 위하여 예배하신 모든 것은 눈
으로 보지 못하고 귀로 듣지 못하고 사람의 마음으로 생각하지도
못하였다 함과 같으니라

꿈을 통해 주신 약속대로, 실패와 좌절의 해골은 완전 박살이 나 온
사방으로 흩여졌고 화전동 새 터전 위에 하나님의 성전이 세워졌습니
다. 자칫 좌초될 수 있었던 건축 공사였지만 하나님의 놀라운 도우심
으로 모든 어려움을 이기고 결국 승리케 하셨습니다. 할렐루야.

그리고 무엇보다 우리 교회를 돕는 로뎀나무 천사의 손길이 된 사랑하는 서울 보은교회 손덕현 담임목사님을 비롯한 당회원 장로님들과 귀한 성도님들, 그리고 영원한 천사 선생님이신 김진환 안수집사님과 정인선 권사님 가정에 하늘의 보고를 여시사 하늘의 신령한 은혜와 이 땅의 기름진 축복으로 가득히 채워 주시기를 간절히 축복하며 소망합니다!

Chapter 19

임파선암 3기 완치

[말 4:2]

내 이름을 경외하는 너희에게는 공의로운 해가 떠올라서 치료하는
광선을 비추리니 너희가 나가서 외양간에서 나온 송아지 같이 뛰
리라

화전동 성전 공사가 한창 진행되고 있을 때의 일이었습니다. 가까운
친척 되시는 집사님의 병환 소식이 전해졌습니다. 어느 날 목 부위에
혹이 생기는 것 같더니 시간이 지날수록 점점 커지는 것 같아 서울대학
병원에서 정밀검사를 해보았다고 합니다. 며칠 후 그분은 임파선암 3
기 진단을 받았습니다. 아직 한창인 60대 초반인데 암 3기라니. 이러한
암 판정 소식에 가족들 모두 적지 않은 충격을 받았습니다.

이분의 그간 신앙생활의 내력을 말하자면, 아내를 따라 가끔 교회에
나가는 정도였고 교회에서는 집사로 불리고 있었지만 실상은 주님보
단 주(酒)님을 더 가까이 하고 지낸 잡사(?)에 가까운 분이였습니다. 그

런데 예기치 않은 임파선암 3기라는 큰 어려움에 맞닥뜨리게 되자 집사님은 주님 앞에 무릎 꿇은 기도의 사람이 되었습니다. 지난날의 모습을 돌아보며 날마다 회개와 눈물로 기도하며 진실한 믿음의 사람으로 새 삶을 살기 시작했습니다.

그러던 어느 날, 암 환자 집사님과 그 가족들이 우리 능력교회 예배에 참여한다는 소식이 전해졌습니다. 당시 우리 교회는 아직 건축 공사가 마무리 되지 않은 터라 제대로 된 사무실 공간조차 없었습니다. 할 수 없이 앞으로 화장실로 쓰일 두 평 남짓한 공간에 모여 기도회 시간을 가졌습니다. 그런데 놀랍게도 그 좁디좁은 공간 안에 하나님의 은혜가 임하셨습니다. 김광자 원로목사님이 암 환자 집사님 머리 위로 안수 기도를 하시는데, 성령께서 주신 감동을 받아 놀라운 응답을 선포해 주셨습니다.

"사랑하는 아들아. 이 병은 죽을병이 아니니라. 이 병은, 너를 하나님 품으로 돌이키기 위해 허락된 병일 뿐이니라. 아들아, 너는 이 병으로 인해 죽지 않는다. 너는 반드시 살아서 하나님께 영광을 돌리리라."

너무나 은혜로운 말씀에 다들 정말 큰 소리로 "아멘!! 아멘!!"을 외쳤습니다.

 맨땅 개척 미라클 챌린지

저는 깜짝 놀라 목사님을 쳐다봤습니다.

'아니, 목사님. 사람의 앞날은 모르는 건데, 어떻게 책임을 지시려고 그런 말씀을 하세요?'

놀라 동그래진 제 눈과 원로목사님의 눈이 서로 마주쳤습니다. 아마도 거기 있는 사람 중에 아마 제가 믿음이 제일 적었던 것 같습니다. 그날 저녁, 저는 목사님께 치유에 관해 어떻게 그런 확신 있는 선포가 가능했는지 여쭈어 보았습니다.

"서목사. 내가 암 환자 집사님 머리에 손을 얹고 안수기도를 하는데 하늘에서 갑자기 성령의 광채가 비치는 거야. 마치 하늘에서 내리는 눈 같기도 하고, 반짝이는 별빛 같기도 한 그 놀라운 광채가 하늘에서 막 쏟아져 내리는데 이건 정말 내 마음이 아니라 하나님이 주신 응답이야. 생각해 봐. 이분은 중증 암환자이니 나도 겁나지. 근데 기도 가운데 내 믿음이 아니라 하나님이 주신 확신과 믿음이 오더라구. 그래서 주신 예언의 감동대로 확신 있게 선포한 거야."

이후 그 암 환자 집사님은 서울대학병원에 입원하여 항암 치료를 받았습니다. 그 당시 '메르스'라는 의료 비상사태가 벌어진 때라 병원 방문조차 쉽지 않은 상황이었습니다. 우린 그 환자 성도의 믿음을 북돋아 주기 위해 출입 통제가 심한 상황도 마다하지 않고 열심히 병원에 방문했습니다. 감사한 건, 그렇게 병원 입원 병실에서 기도할 때에도, 하나님은 동일한 희망의 메시지를 주셨다는 사실입니다.

"아들아, 너는 반드시 이 병을 이기고 산다!"

그후 집사님은 정말 예전의 모습과는 완전히 바뀐 삶을 사셨습니다. 지난 날 교회만 왔다 갔다 하고 술 주님을 가까이하며 지낸 잡사(?) 신앙을 마감하고, 진짜 집사가 되셨습니다. 퇴원하여 집에 와 있을 때면 정말 하루 꼬박 예수로 시작했다가 예수로 마감했습니다. 옆에서 병간호를 했던 아내 집사님의 증언에 의하면, 하루 종일 방안에서 기독교 tv를 틀고 설교도 듣고 기도를 하며 찬양하고 웃다가, 회개하며 울다가 그렇게 하나님과 더불어 사셨다고 했습니다.

그렇게 몇 달을 지낸 후, 드디어 대학 병원으로부터 암 상태에 대해 너무나 감사하게도 '완치 판정'을 받았습니다! 하나님의 은혜로 발병 10개월 만에 임파선암 3기 완치 판정을 받아 결국 병마를 완전히 떨쳐 내었습니다. 목사님의 선포를 통해 주신 하나님의 약속이 성취된 순간 이었습니다.

우리 교회에서 그 집사님의 암 완치 판정 소식이 발표되었을 때, 온 교회가 떠나갈 듯한 함성과 박수가 울려 퍼졌습니다. 여호와 라파, 치유의 하나님께 감사와 영광을 올려 드립니다! 이렇게 하나님의 은혜를 체험한 그 집사님과 모든 가족들은 지금도 하나님의 은혜 속에서 주님을 섬기며 아주 강건하게 지내고 계십니다. 할렐루야!

Chapter 20

능력과 치유의 기름부음

[행 10:38]

하나님이 나사렛 예수에게 성령과 능력을 기름 붓듯 하셨으매 그
가 두루 다니시며 선한 일을 행하시고 마귀에게 눌린 모든 사람을
고치셨으니 이는 하나님이 함께 하셨음이라

2016년 6월, 소속 노회 시찰회에서 주관한 남도 여행에 다녀왔습니
다. 전주에 있는 예수 병원을 비롯해 전라도 인근에서 활동하신 서양
선교사님들의 유적지를 돌아본 후 여수에 있는 호텔 숙소로 돌아왔습
니다. 이후 별다른 일정이 없었기에 밤 기도를 시작했습니다. 여행지
에서 드린 기도라 그런지 그날따라 깊은 은혜 속에서 기도를 하게 되
었습니다. 한참 기도하던 도중 정말 특별한 환상이 보였습니다. 앞에
깨끗한 의사 가운 하나가 걸려 있었는데 그 가운을 자세히 보니 제 이
름 석자가 적혀 있었습니다. 저는 이러한 환상을 주께서 제게 주신 사
명으로 여기며 신유의 비전을 주신 주님께 감사의 기도를 드렸습니다.
그리고 앞으로 치유의 은사를 받아 질병에서 고통받는 성도를 회복시

키는, 섬기는 자로 살겠노라고 주님께 다짐을 드렸습니다.

그렇게 주님의 비전을 받은 후 한 가지 깨달은 바가 있었습니다. 2001년 방언을 받은 후 지금까지 꾸준히 기도생활을 한다고는 했지만, 돌이켜보면 뭔가 특별한 수준으로 올라선 것도 아니었습니다. '21세기를 이끌어 갈 성령 운동 센터'의 비전을 받은 목회자가 이 정도 기도 수준으로 살아서는 안 되겠다는 생각을 하게 되었습니다. 이때부터 더 충만한 능력과 은사를 받기 위해 강도 높은 기도 훈련에 돌입하기로 결심했습니다.

저는 특별한 작정이 아닌 이상은 평균 한 시간 정도의 기도 습관이 있었습니다. 그러나 이때부터 결심하고 기도 시간을 두 배 이상으로 늘렸습니다. 그리고 이때 기도 방식은 평온함의 기도가 아니라 전투형 기도였습니다. 전투 기도란 마치 군인이나 운동 선수들이 최선을 다해 상대와 싸우듯, 배에 힘을 최대한 몰아넣고 마치 뱃가죽을 잡아당기듯 사력을 다해서 물리치며 기도하는 훈련식 기도, 전투형 기도를 말합니다(왕상18:44).

이런 기도를 할 때는 우선 목소리부터 바뀌게 됩니다. 평상시의 기도가 부드러운 소리라면, 전투 기도의 목소리는 꽥꽥거리는 게사니(거위) 소리로 바뀝니다. 조금만 몰입해서 기도해도 몸의 기운이 금방 소진되고(단10:17) 가쁜 숨이 저절로 몰려나오는, 힘이 많이 드는 기도가 바로 전투 기도입니다. 저는 이러한 기도 가운데 여태껏 살면서 지은 죄와 감추인 죄의 근성까지 회개하며 몸부림을 치며 기도했습니다.

그렇게 강단 위에 올라 온 사력을 다해 기도를 하던 어느 날, 정말로 놀라운 성령의 역사를 체험했습니다. 갑자기 위로부터 하나님의 말씀이 임하는데 마치 번개가 치듯, 그리고 온몸이 감전이 되듯 심령 가운데 하나님의 말씀이 임하는 것이었습니다.

[벧전 1:18~19]
너희가 알거니와 너희 조상이 물려 준 헛된 행실에서 대속함을 받은 것은 은이나 금 같이 없어질 것으로 된 것이 아니요 오직 점 없고 흠 없는 어린 양 같은 그리스도의 보배로운 피로 된 것이니라

이때 제 안에 임하신 하나님 말씀의 능력이 어찌나 강력하던지, 마치 온몸이 전기에 감전된 듯한 충격을 경험했습니다. 너무 놀라 '이게 무슨 일이지?' 하는데 갑자기 내 속에서부터 헛구역질이 올라오면서 강대상에 있던 저는 완전 뒤집어졌습니다. 온 교회가 떠나갈 듯한 심한 토악질이 나왔습니다. 이건 정말로 누가 봐도 은혜스러운 모습은 아니었습니다! 참으려고 했지만 참을 수 없었습니다. 이른 새벽 시간이라 뭘 잘못 먹은 것이 없는데 숨이 넘어갈 정도로 헛구역질이 올라왔습니다.

그런데 이런 식의 기도가 하루 이틀이 아니라 몇 날 며칠 동안 이어졌습니다. 강대상에 올라가 기도만 했다 하면 헛구역질하느라 웩~ 웩~ 댔습니다. 그 당시 함께 새벽기도에 동참했던 성도 분들은 여러 날 동안 숨을 몰아쉬며 헛구역질해 대는 담임목사의 모습을 보고는 많이 걱정을 하셨습니다.

"우리 목사님이 요새 뭘 잘못 드셨나?"
"요즘 목사님 속 컨디션이 많이 안 좋으신가 봐요."

신기한 건 이렇게 연이은 헛구역질과 토악질로 체력은 완전 탈진할 정도로 방전이 됐지만, 심령 깊은 곳에는 이 세상에 없는 크고 놀라운 평안이 임하게 되었다는 사실입니다.

그렇게 깊은 기도에 들어간 지 며칠째 된 어느 날, 드디어 제 속에서 올라오는 헛구역질과 토악질의 정체가 드러나기 시작했습니다. 환상이 열리면서 어떤 때는 제 속에 숨어 있던 큰 불상이 나올 때도 있었고, 어떤 때는 비대하게 살이 찐 땡중과 비구니가 나올 때도 있었습니다. 어떨 땐 양반 갓을 쓴 자가 나오기도 하고, 어쩔 땐 무속 모자를 쓴 무당 여자가 보이기도 했습니다.

저는 이것들의 정체가 '너희 조상이 물려준 헛된 행실'의 근본적인 존재라는 것을 알게 되었습니다(벧전1:18~19). 이에 고민할 것 없이 성경 말씀에 기록된 대로 이 악한 세력들에 대항해 '점 없고 흠 없는 어린 양 같은 그리스도의 보배로운 피'인 예수 보혈을 의지하여 강하게 대적하여 물리쳤습니다. 그랬더니 그간 숨어왔던 무수한 귀신의 영들이 내 속에서 뽑아내졌습니다. 대체 이렇게 많은 것들이 언제, 어떻게 내 속에 들어온 것인지 뽑아내면서도 놀랍기만 했습니다.

환상을 보면서 한 가지 흥미로운 사실을 깨달았습니다. 내가 본 환상에 의하면, 영의 세계도 서열이 있다는 것입니다. 대장 귀신이 있고 또 졸개 귀신이 있습니다. 영적 세력을 기도로 강하게 공격해 물리치면 제일 먼저 대장 귀신이 정체를 드러내고 쫓겨납니다. 그러면 이렇게 쫓겨난 대장놈 뒤로 수많은 졸개 귀신들이 마치 피난 행렬을 가듯 줄을 지어 나가는 모습을 주로 봅니다. 어쩔 땐 그런 피난 행렬 맨 마지막 놈이 문을 닫고 나가기도 했습니다. 마치 자기가 맨 마지막 놈이라는 걸 알려주기라도 하듯 말입니다.

저는 이러한 강력한 전투 기도와 대적 기도를 통해 기도의 능력을 비로소 체험했습니다. 이것이야말로 '어떤 견고한 진도 무너뜨리는 하나님의 능력'(고후10:4)임을 체험했습니다. 기도는 하나님의 능력을 받는 은혜의 공급선인 동시에, 원수 마귀의 세력을 물리치는 하늘의 무기라는 것을 다시 한번 절실히 깨닫게 되었습니다.

저의 특별한 영적 체험을 바탕으로, 주일 강단을 통해 우리 성도들과 은혜를 나누었습니다. '약속의 땅을 정복합시다'라는 주제로 몇 주간에 걸쳐 설교를 했는데, 이때 제게 임한 주의 능력의 역사가 우리 교회와 성도들에게도 동일하게 퍼져 나갔고 여러 곳에서 놀라운 일들이 일어났습니다.

어떤 날은 설교 후 성도님과 인사를 나누는데 어느 권사님이 목 주위가 시퍼렇게 멍이 들어 있는 것이었습니다. 깜짝 놀라 어찌된 일인지 영문을 여쭈어 보니 그분의 대답이 이러했습니다.

"목사님이 강단에서 강력하게 설교 말씀을 선포한 후 함께 통성기도를 하는데요. 갑자기 제 손이 위로 들렸어요. 그러더니 제 손이 저를 막 때리기 시작했어요. 특히 제 목 주변을 손으로 탁탁탁탁 마구마구 때리는 것이에요. 신기한 건 내 손이지만 나를 때리면 내가 아파야 하는데, 감각은 있지만 아프지는 않았어요. 목사님. 참 희한한 일이 다 있네요."

나중에 알고 보니 그 권사님은 가정 대대로 갑상선 문제를 앓아 몸이 약한 분이었는데, 이러한 성령의 안찰의 은혜를 경험하고서 갑상선 질병이 굉장히 완화되는 치유의 은혜를 누리셨다고 고백하셨습니다.

또 어떤 연세 드신 권사님의 경우는, 가정 심방 때 안수 기도 가운데 체험한 간증의 말씀을 전해 주셨습니다.

"목사님. 참 신기한 일이 있습니다. 목사님께서 심방을 오셔서 안수 기도를 해 주시던 그날 밤 꿈을 꾸었는데요. 꿈에 제 입에서 미역 줄거리 같은 게 올라오는 거예요. 그래서 올라오는 미역 줄거리를 계속 입에서 잡아 뽑았습니다. 그런데 뽑아도 뽑아도 계속 미역 줄거리가 나오는 거예요. 그래서 밤새 그놈의 미역 줄거리를 붙잡고 계속해서 뽑아내다가 불현듯 잠에서 깨어 보니 새벽녘이 되었습니다. 근데 뭔가 기분이 좋고 상쾌하더라구요. 그래서 새벽 기도 마치고 병원에 가서 혈압 체크를 해 봤는데 오랫동안 높았던 제 혈압이 그날부로 정상으로 돌아왔습니다. 할렐루야. 하나님께 영광 올려드립니다."

어느 날은 교역자가 찾아와 제게 고백을 했습니다.

"목사님. 저는 이상하게도 예배 시간만 되면 졸렸습니다. 참을 수 없는 졸음이 다가와 너무너무 괴로운 시간을 보냈습니다. 분명히 잠을 많이 자고 왔는데 이상하리만치 예배 시간만 되면 졸음이 엄습해 이겨 내지 못한 때가 너무나 많았습니다. 하나님 앞에도 죄송하고 성도들에게도 부끄러웠습니다. 그런데 이번 목사님의 선포된 말씀을 듣고 원수의 정체를 파악한 다음, 그 졸음의 영에 강력하게 대적하면서 힘을 다해 토악질로 뽑아내니 정말 거짓말같이 잠의 기운이 사라지고 맑은 정신으로 예배드릴 수 있게 되었습니다.”

이러한 은혜의 행렬에 원로목사님도 동참하셨습니다. 여성인데다 70대 중반이 넘은 고령이시라 그 무렵 허리 통증으로 고생하고 계셨는데, 선포된 말씀을 듣고 힘을 얻으셨습니다. 새벽마다 집중하여 허리 통증을 가져오는 악한 영의 세력을 대적하며 물리치는 기도를 하셨습니다. 그러던 새벽 어느 날 갑자기 환상 하나가 보이는데, 구부정하게 머리에 쪽진 할머니가 나오더니, 지팡이를 짚고 터벅터벅 밖으로 천천히 나가더랍니다. 그 즉시, 그동안 그렇게 아프던 허리 통증이 사라졌습니다!

그리고 며칠 후 일산 병원 정형외과를 찾아 골밀도 검사를 했는데, 담당 의사가 계속 고개를 갸우뚱갸우뚱하는 것이었습니다. 의사선생님께 그 연유를 물어봤더니,

“아니, 환자 분. 환자분 지금 나이가 70대거든요. 제가 그래프를 좀 보여 드릴게요. 전에 저희 병원에 오실 때 환자 분의 골밀도 수치가 -3.0의 단계, 즉 골다공증 단계였어요. 그런데 여기 차트상에도 나와 있지만 지금은 너무 좋아져서 -2.3로 수치상 골감소중이 되셨어요. 어떻게 그 나이에 거꾸로 골밀도가 좋아질 수 있는지 제가 이해가 안 돼서요. 그저 놀라울 뿐입니다.”

하나님의 치료는 이처럼 의사도 놀라게 한다는 것을 깨달았습니다.

이것을 통해 얻은 교훈은, 병원 치료와 약 처방 모두 중요하지만 특별히 기도로서 얻은 치료는 병원을 통해 나은 치료보다 더 근원적인 치료를 가져온다는 사실을 확인할 수 있었습니다.

어느 날 새벽 기도 시간에 환상 하나가 보였습니다. 교회 강대상에서 기도하는데 우리 교회 강대상이 보였습니다. 그 강대상은 네모난 형태의 포도나무였고 거기서 수많은 포도나무 가지들이 뻗어 나와서 튼실한 포도송이가 주렁주렁 달려 있는 것이 보였습니다. 우리가 경험한 수많은 치유와 회복의 은혜가 바로 우리 교회 강단에서 흘러나온 말씀을 통해 맺혀진 열매라는 것을 다시 한번 확증시켜 주셨습니다. 너무 감사했습니다. 온 맘 다해 선포하기 원합니다.

예수 나의 좋은 치료자!
오직 하나님께 영광을!
주의 영이 계신 곳에는 자유함이 있느니라!

Chapter 21

실로암의 은혜

[요 9:6-7]

6 이 말씀을 하시고 땅에 침을 뱉어 진흙을 이겨 그의 눈에 바르시고

7 이르시되 실로암 못에 가서 씻으라 하시니 (실로암은 번역하면

보냄을 받았다는 뜻이라) 이에 가서 씻고 밝은 눈으로 왔더라

화전동 성전 건축 후, 드디어 첫 가정이 교회 등록을 하게 되었습니다. 그동안 간간이 개별적인 등록은 있었지만, 가족 단위의 등록은 이번이 처음이었습니다. 이 가정은 여러 면에서 유복한 가정이었습니다. 물질적으로도 여유가 있었고, 사업적으로도 평탄했으며, 자녀들도 모두 잘 되었습니다. 대개 이런 가정의 경우, 우리처럼 작고 왜소한 교회로 적을 옮긴다는 건 쉽지 않은 일입니다. 그런데 이 가정에서 일어난 생각지 않은 일로 인해 우리 교회와의 인연이 닿게 되었습니다.

그 가정에 예쁜 손녀가 태어났는데 그 기쁨도 잠시, 아이가 날 때부터 앞을 보지 못하는 선천성 흑암시 장애(1급)를 가진 사실을 알게 되

었습니다. 이런 류의 어려움은 처음 겪는 일이라 가족들 모두 당황했고 모두가 힘들어했습니다. 어찌할 바를 몰라하던 이 무렵, 주변 지인을 통해 우리 교회의 한 권사님의 이야기가 그 가정에 전달이 되었습니다.

김광자 원로목사님의 막내 동생이신 김난희 권사님 역시 태어날 때 부터 눈이 나빠 평생 시력으로 인한 어려움을 겪으며 살아오셨습니다. 고운 모습과는 달리, 한쪽 눈의 시력은 전혀 없었고 나머지 한쪽 눈에 남은 약간의 시력을 의지하여 간신히 맹인 신세를 벗어난 채로 살아온 분이셨습니다. 그러다 권사님의 시아버지가 병환으로 돌아가신 후로 부터 권사님에게 재앙 같은 일이 생겼습니다. 전엔 그나마 좁은 시야 라도 뭔가는 조금 보이기는 했는데, 장례식 이후 정말 아무 것도 보이 지 않게 되었습니다.(그 시아버지 장례식에서 권사님은 유독 많이 우 셨다고 합니다) 정말 희미한 빛조차 조금도 보이지 않는, 온 세상이 완 전 시커멓게 돼 버린 '전맹 상태'가 되셨습니다. 이런 절망적인 어려움 의 상황에서 권사님과 온 식구들이 신앙의 결단을 내렸습니다. 부흥 집회에 참석해 은혜를 받기도 하고, 특히 기도원에 들어가 함께 3일간 금식하며 간절히 하나님께 기도를 드렸습니다.

그렇게 금식 기도를 마친 아침, 권사님은 그대로 자리에 누워있는데, 돌연 죽을 들고 방 안으로 들어오시는 어머니의 모습이 어렴풋이 보였 습니다. 바로 이때부터 연약하나마 권사님의 시력이 다시 회복된 것이

  맨땅 개척 미라클 챌린지

었습니다. 이것을 통해 권사님은 이런 약한 눈이라 할지라도 '볼 수 있음' 자체가 얼마나 소중한 것인지 다시 한번 깨닫고 주님께 감사하게 되었다고 하셨습니다. 권사님은 70세가 넘은 지금까지 많이 연약한 눈을 가지고, 우리 교회 성도에게 언제나 웃음꽃을 피게 하시고 교인간의 화목에 앞장서는 훌륭한 권사님으로 지내고 계십니다.

이런 우리 교회 권사님의 '시력' 간증에 도전을 받은 시온이네 가정은, 우리 교회로 첫 발걸음을 옮기게 되었고 결국 등록까지 하게 되었습니다. 물론 우리 교회로 오신 첫날부터 시온이네 가정 손녀딸의 시력 회복은 우리 교회 주요 기도 제목이 되었습니다. 특히 원로목사님께서 앞장서 기도해 주셨습니다. 왜냐하면 목사님은 동생 분 권사님 뿐 아니라 예전 사역지(은평 침례교회)의 담임목사님이 맹인이시라 누구보다 맹인들의 고충을 잘 아셨기 때문입니다. 기도할 때마다 정성껏 온 열심을 다해 시온이를 위해 기도를 해 주시곤 했습니다. 감사한 것은 1급 흑암시 장애로 태어난 아이였지만, 기도할 때마다 주께서 치유의 은혜를 더해 주셨다는 사실입니다. 온전하지는 않지만 그래도 현재까지 어느 정도 큰 물건과 사물 색깔을 구별할 수 있는 정도의 시력을 가지고 주변 사람들의 기도와 사랑을 받으며 살고 있습니다. 할렐루야!

이렇게 손녀의 기도 제목을 통해 우리 교회와 인연을 맺은 가정이지만, 이 모든 것 위에 주님의 인도하심과 계획하심이 담겨 있었습니다.

앞으로 있을 지축동 교회 건축이 원활하게 이뤄질 수 있도록 이 가정을 여호와 이레의 가정으로 미리 준비하신 것이었습니다. 모든 것을 미리 아시고 예비하신 주님의 은혜는 너무나 놀랍고 아름다운 은혜임을 주님 앞에 고백합니다. 이토록 연약한 자들을 사랑하사 실로암의 은혜를 주신 하나님께 감사와 찬송을 올리며 치유의 기름 부으심이 이 가정과 특별히 사랑하는 손녀딸 시온에게 임하게 되시기를 진심으로 축복하고 소망합니다.

 맨땅 개척 미라클 챌린지

Chapter 22

은혜의 성산 참빛 기도원

[벧후 1:21]

예언은 언제든지 사람의 뜻으로 낸 것이 아니요 오직 성령의 감동

하심을 받은 사람들이 하나님께 받아 말한 것임이라

오랜만에 선교사님께서 다시 우리 교회를 찾아오셨습니다. 이번 방문 목적은 기도원 한 곳을 소개시켜 주기 위함이라 하셨습니다. 강원도 화천에 있는 기도원인데 그 이름이 참빛 기도원이라 하셨습니다(본명: 참빛복음선교기도원). 선교사님은 이곳을 소개시켜 주시면서 참 인상적인 말씀을 하셨습니다.

"능력교회 목사님들. 제가요, 오늘까지 나름 하나님께 기도하는 종으로 대한민국 안에 있는 내로라하는 기도원은 많이 가 봤습니다. 그런데 안타깝게도 대부분의 기도원들의 기도의 불이 다 꺼졌어요. ○○기도원, ○○기도원 이런 곳들 정말 형편없어졌습니다. 그런데 대한민국의 기도원 가운데 그래도 지금까지 영적으로 가장 맑은 곳 하나를 꼽으

라고 한다면 저는 화천에 있는 참빛 기도원을 뽑겠습니다. 여긴 기도의 영성이 너무나 맑아 이곳 산에서 기도하면 기도 응답을 정말 잘 받을 수 있습니다.”(실제로 선교사님은 이곳에서 21일 금식기도를 여러 번 하셨습니다)

“우선요. 여기 참빛 기도원만의 정말 특별한 탁월함이 있는데, 바로 예언 사역입니다. 특히 여호수아라는 이름을 가진 부원장님이 계신데, 이분이 여자 분이요. 그런데 예언 집회 때 선포되는 말씀의 날카로움은 정말 대단합니다. 그간 제가 경험한 은사자 가운데 세 손가락 안에 꼽힐 정도로, 대단히 예리하면서도 정확한 주님의 말씀이 선포됩니다.”

“그리고 여기 사역하시는 분 가운데 찬양 사역을 하시는 요셉 목사님이라는 분이 계신데, 야… 제가 일평생 이렇게 찬양 잘하는 분 처음 봤어요. 정말 성령의 감동에 휩싸여 마치 성령에 취한 듯…. 정말 대단해요. 한번 봐야 합니다. 노래도 잘하지만, 찬양을 통한 은혜와 성령의 영감이 대단해요.”

“그런데다 기도원의 담임목사님으로 계신 이분은 대단히 똑똑하신 분이요. 아마 서강대학교를 수석 졸업한 걸 알고 있어요. 사모님도 이화여대를 나왔을 겁니다. 두 부부가 머리도 좋은 데다 인물까지 좋아요. 그런데다 영성까지 겸비한 분입니다. 여러모로 참 잘 갖춘 목회자

맨땅 개척 미라클 챌린지

예요."

"특히요. 여기 화천 땅에다 기도원을 세우신 안나 원장님과 남편 부
원장님은 정말 보기 드문 분들입니다 왜냐. 이분들이 젊은 시절에 한
국은행에 다녔어요. 한국은행을 다니면 벌이가 좋았겠죠? 그런데 그
돈을 절약하며 열심히 모아 두었어요. 그렇게 모은 재산을 뭐했냐. 전
부 하나님께 드렸어요. 뭐 집이니 뭐니 몇 채나 되는 것을 다 팔아서 주
님께 드렸어. 정말 이렇게 힘든 일을 해낸 정말 대단한 분들이에요."

"자, 그런데, 여기 기도원에는 매달 둘째 주 금요일 집회이자 잔치가
있습니다. '사랑의 천국잔치'라는 이름의 집회인데, 말 그대로 오신 모
든 분들에게 천국의 기쁨을 줘요. 특히나 정성껏 차린 음식이 맛있기
가 호텔 식당 저리가라 할 정도예요. 자, 이렇게 은혜도 넘쳐 나고 맛있
는 것도 마음껏 먹을 수 있는 이 천국 잔치에 능력교회 목사님들 모시
고 가려고 하는데, 저와 함께 가 보지 않겠습니까?"

이 정도로 선교사님이 기도원 홍보를 하셨는데 우리가 어찌 안 가
볼 수 있겠습니까? 며칠 후 천국 잔치가 열린 날, 참빛 기도원에 처음으
로 방문했습니다. 이때 전 솔직히 속으론 별 기대감이 없었습니다. 어
느새 제 심령도 굳었는지 어지간한 기도원에 가 봐도 은혜보다는 답답
한 마음으로 돌아오기 일쑤였기 때문입니다. 그런데 참여한 첫날 참빛

기도원에서 정말 폭포수 같은 은혜를 경험했습니다. 찬양을 부르는데 갑자기 심령에 뜨거움이 임하면서 눈물이 터져 나왔습니다. 통성 기도 시간에는 기름 부음이 임하는데 제 속에서 진동의 은사가 나타났습니다. 그런데다 정말 맛있는 음식까지 제공해 주시니 그야말로 금상첨화였습니다. 과연 말씀하신 대로 이곳은 천국의 기쁨과 은혜를 나눠주는 축복의 기도원이었습니다.

화천 참빛 기도원

그렇게 인연을 맺은 참빛 기도원에 2017년 봄 다시금 방문했습니다. 이 무렵 저에겐 한 가지 중요한 기도 제목이 있었으니, 바로 우리 교회 이전에 관한 문제였습니다. 사실 화전동 큰 길가 부지는 우리 교회에게 기적의 땅이었습니다. 빈손으로 시작한 교회가 개척 7년 만에 땅을

맨땅 개척 미라클 챌린지

구입한 후 작게나마 성전 건축까지 했다는 건 정말 놀라운 은혜가 아닐 수 없었습니다.

그러나 이렇게 은혜로 지은 성전이면 어느 정도 성장이라도 해야 하는데, 안타깝게도 우린 성도 수에 있어 몇 년째 제자리걸음을 하고 있었습니다. 왜냐하면 교회가 이전해 온 화전동이라는 곳 역시 덕은동 못지않게 낙후된 동네였기 때문입니다. 동네 전체가 낡은 상태였고 그곳 주민 대부분 가난하거나, 고령이거나, 아니면 해외에서 온 이주 노동자들이었습니다. 그런 탓인지 교회를 건축한지 몇 년이 지나도 본인 발로 찾아오는 성도가 하나도 없었습니다. 도리어 건너편 30사단 부대 군인들이 가끔 한 번씩 교회에 나오는 게 전부였습니다. 교회의 성장 측면으로 봤을 땐 여긴 지역적으로 분명한 한계가 있었습니다.

이런 상황 속에서 기도 제목을 가지고 기도원을 방문했습니다. 그리고 우리 교회의 기도제목을 헌금 봉투에다 적어서 기도원 제단에 드렸습니다.

"주여, 우리 능력교회에 새로운 터전을 허락해 주옵소서!"

여러 헌금 봉투에 적힌 기도 제목을 보며 예언의 말씀을 선포하시던 여호수아 부원장님이, 갑자기 봉투에 적힌 제 이름을 호명하셨습니다.

"능력교회 서충은 목사님? 누구시죠?"

"네. 접니다만…."

"목사님. 하나님께서 여기 능력교회에 새로운 부지를 마련해 놓고 계십니다."

그러면서 약간 나지막한 말로,

"무슨 푸른 잔디 같은 곳이 보이는데…."

하며 말끝을 얼버무리듯 말씀하셨지만, 저는 그때 분명히 들었습니다.

"푸른 잔디의 땅이라…."

이때부터 예언 사역자께서는 신이 나신 듯 본인들의 참빛 기도원 설립에 대한 간증을 잔뜩 하시는 것이었습니다. 화천과 춘천 사이의 배후령 터널이 뚫리기 전, 그 높다란 배후령의 99고개를 넘어가며 기도원에 다니신 이야기, 이곳에 터널이 뚫린 것을 주님께서 미리 알려 주시고 보여 주신 이야기, 그리고 그 예언이 현실이 되어 터널에 파다 남은 흙을 기도원 쪽으로 가져와 땅을 메운 이야기, 기도원 숙소에 옆에 있는 '사랑의 생수' 우물을 파게 된 이야기 등등 참빛 기도원에 대한 간증을 거의 15분을 하신 것 같았습니다. 저는 속으론 '우리 교회에 관한 응답의 말씀을 더 해 주셨으면 좋겠는데….' 했습니다만 더 이상의 언급은 없었습니다. 어쨌든 우리는 참빛 기도원으로부터 교회 이전에 관한

맨땅 개척 미라클 챌린지

너무나 분명하고도 확실한 말씀을 전달받게 되었습니다. 그리고 저는 그날 제단에서 선포된 말씀을 마음에 새겨 두었습니다(눅2:51).

그로부터 2년 후, 우리는 생각지 않은 장소에서 하나님께서 약속한 여호와 이레의 땅을 발견하게 되었습니다.

Chapter 23

양말 속에 담긴 헌금

[눅 21:1-4]

예수께서 눈을 들어 부자들이 헌금함에 헌금 넣는 것을 보시고 또 어떤 가난한 과부가 두 렙돈 넣는 것을 보시고 이르시되 내가 참으로 너희에게 말하노니 이 가난한 과부가 다른 모든 사람보다 많이 넣었도다 저들은 그 풍족한 중에서 헌금을 넣었거니와 이 과부는 그 가난한 중에서 자기가 가지고 있는 생활비 전부를 넣었느니라 하시니라

우리 교회에 임한용 집사님이라는 남자 어르신이 계셨습니다. 이분은 태어날 때부터 한쪽 폐가 거의 말라붙은 상태여서 한쪽으로 몸이 굽은 채 평생을 호흡 곤란 장애와 함께 살아온 독신 어르신이었습니다. 이 어르신의 특징을 꼽자면 누구도 따라오기 힘든 절약의 삶을 사셨다는 점입니다. 자신을 위해서는 지나치리만치(화장실 물 내리는 것 한 번도 아껴 쓰셨다고 했습니다) 극도로 절약하는 삶을 살았지만, 반대로 어려운 분들을 만나면 긍휼의 손길을 펼치는 선한 마음의 소유자였

습니다. 그러다 갑작스런 호흡 곤란 증세로 병원에 입원해 있던 중, 병
원에 문병을 간 유은아 사모의 전도를 받아 우리 교회에 출석하여 등록
교인이 되었습니다.

임한용 집사님(오른쪽에서 두 번째)

이분의 특징 한 가지를 더 말하자면 일평생 혼자 지내서 그런지 고집
이 무척이나 세셨다는 점입니다. 주일날 교회 오실 때, 교회에서 운행
하는 봉고차를 타고 오시면 좋으련만 굳이 본인의 자전거를 타고 오시
겠다고 우기셨습니다. 정말이지 다른 차들이 쌩쌩 달리는 도로에서 옆
으로 삐딱하게 기울어진 몸으로 비틀비틀 자전거를 운전하는 집사님
의 모습을 볼 때면, 솔직히 폐병보다 교통사고로 먼저 가실 것 같은 걱
정이 들 정도였습니다.

그러던 어느 날 유은아 사모님에게 그 집사님의 전화가 왔습니다. 그 날은 마침 교역자들끼리 점심에 닭갈비를 먹으려고 식당에 갔던 날이 었습니다.

"사모님. 지금 미안하지만, 우리 집에 잠시 들러줄 수 없겠어요? 호흡 이 많이 가빠서…."

전화 너머로 가쁜 숨을 몰아쉬는 소리가 들렸습니다. 분명 호흡 이상 증으로 도움을 청하는 상황이었습니다. 그런데 그때가 하필 우리가 주 문한 닭갈비가 거의 다 익어 갈 무렵이었습니다. 잠깐의 고민의 시간 이 있었습니다. 재빨리 먹은 다음 출발할 것이냐, 아님 들었던 숟가락 을 바로 놓을 것이냐. 서로 눈치를 보며 잠시 침묵의 시간이 흘렀습니 다. 몇 초 후 일제히 웃으며 숟가락을 놓았습니다.

"에이, 이까짓 닭갈비가 뭐라고~"

즉시 일어나 환자 성도를 향해 달려갔습니다. 집에 도착해보니 집사 님은 이미 호흡 곤란증이 도져서 숨조차 제대로 쉴 수 없는 상황이었습 니다. 저는 그분을 등에 들쳐 업고 인근 병원 응급실을 가기 위해 몇 발 자국 집을 나섰습니다. 그런데 등에 업힌 집사님이 갑자기 제게 한 말 씀을 하셨습니다.

　　　　　　　　　　　　　　맨땅 개척 미라클 챌린지

"목사님. 죄송하지만⋯ 잠시만, 잠시만, 방에 들러 좀 쉬었다 갑시다."

"집사님, 지금 많이 급해 보이시는데요⋯."

"아니요⋯ 잠깐이면 됩니다, 목사님. 잠시만 들어가 주세요."

그래서 우리 교역자 일행은 방 안에 들어가 잠시 대기를 했습니다. 정말 그간 어찌나 아끼며 사셨는지 곰팡이 냄새가 진동하는 허름한 방에서 도배조차 안 한 채 살고 계셨습니다. 우리 일행이 기다리는 사이 집사님은 가쁜 숨을 몰아쉬며 뭔가를 찾는 듯 뒤적뒤적하셨습니다. 그러더니 우리 앞에 오래된 양말 짝 하나를 힘없이 탁 던지셨습니다. 갑자기 웬 양말을 꺼내시나 했는데, 그 안을 보니 5만 원 권 뭉치가 들어 있었습니다.

"목사님. 앞으로 교회를 새로 건축할 계획이 있다면서요? 교회 건축하려면 돈이 많이 부족할 텐데, 이거 필요한 데 쓰세요."

현금 천만 원이 들어 있는 양말 짝이었습니다. 우리는 손사래를 치며 안 그러셔도 된다고 했지만 집사님은 어서 넣어 두라며 강권하셨습니다. 그렇게 헌금을 건네신 집사님은 다시 제 등에 업혀 차에 태워졌습니다. 그리고 인근 병원 응급실로 빨리 모시고 갔습니다.

한참 후 응급실에서 의사가 나오더니 우리에게 말을 전해 주었습니다.

"저… 이 환자분 가족들이시죠?? 아시겠지만 이분 영양실조에요. 이분의 영양이 지금 너무 부족한 상태입니다. 잘못하면 오늘 이분 돌아가실 수 있습니다."

의사로부터 진단을 전해 들은 저희들은 병원 의자에 앉아 간절히 기도했습니다.

"하나님. 이 영혼을 불쌍히 여겨 주시옵소서. 이 다급한 순간에도 주의 교회를 잊지 않고 헌금을 드린 귀한 집사님입니다. 주여 이 연약한 육체를 붙잡아 주셔서, 건강이 다시금 회복되게 하옵소서. 주여, 생명을 연장하여 주옵소서!"

그렇게 몇 시간이 흘렀습니다. 이후 병원 사정이 여의치 않았는지 전원 조치가 내려졌습니다. 인근의 상급 병원인 세브란스로 이송된 집사님은 그곳 중환자실에서 치료를 받게 되었습니다. 혹시 돌아가시면 어떻게 하나 저희 모두 마음을 졸이며 기다렸습니다.

다행히 긴급한 상황은 넘겼고 집사님은 약간의 안정을 되찾아 며칠 후 퇴원하게 되었습니다. 그러나 이미 70이 훌쩍 넘은 고령이신 데다 오랜 폐병에 영양실조까지 겹쳐 몸 전체가 너무 약해진 상태였습니다. 퇴원 후 얼마 있지 않아 다시 응급실에 다녀오시는 등 입원과 퇴원을 반복하셨습니다. 간간이 교회에도 출석을 하셨지만 오랜 병세를 이기지 못하시고 몇 달 후 결국 주님 품에 안기셨습니다. 비록 집사님은 이렇게 소천하셨지만, 그토록 숨이 가쁜 중에 집사님이 건네신 그 양말 헌금은 우리 교회의 지축동 시대를 연 부동산 계약금이라는 첫 밀알로 쓰임받게 되었습니다.

"주여, 이 땅을 떠나 주님 품에 안긴 임한용 집사님의 영혼에 은혜와 긍휼을 더해 주시옵소서. 집사님은 이 땅에 사는 동안 가난한 자들을 돕는 선한 삶을 사셨습니다. 무엇보다 주의 교회를 사랑하여 위경 중에도 그 귀한 헌금을 드렸사오니, 이제는 아픔과 고통 없는 영원한 천국에서 평화와 안식을 누리게 하옵소서. 그리고 이 땅에 남은 집사님의 친척과 권속들까지 주님의 구원에 동참할 수 있는 크신 은혜를 허락해 주옵소서. 예수님의 이름으로 기도드립니다. 아멘."

제5부

◆

지축동 새 성전, 그리고 새로운 비전을 향하여

Chapter 24

여호와 이레: 여호와의 산에서 준비되리라

[창 22:14]

아브라함이 그 땅 이름을 여호와 이레라 하였으므로 오늘날까지
사람들이 이르기를 여호와의 산에서 준비되리라 하더라

전교인 대심방 기간 중인 2019년 4월 말, 오전 심방을 마치고 구파발
인근에서 일을 보고 오는데 원로목사님께서 갑자기 창밖을 바라보시
며 말씀하셨습니다.

"목사님들, 저쪽을 보니까 아파트를 꽤나 많이 짓고 있는 거 같은
데… 혹시 저기 인근 부동산에 한번 갔다 와 볼까요?"

"네. 좋습니다~!"

그렇게 우리 일행은 차를 돌려 고양시 지축동 인근의 부동산으로 향
했습니다. 지축역 부근에 가까이 가 보니 여러 부동산들이 있었습니

다. 딱히 아는 곳이 없어서 그냥 차가 가는대로 아무 부동산에 무심코
들어갔습니다.

"안녕하세요. 저희는 고양시 화전동에 있는 개척 교회 목사들입니다.
혹시 인근에 교회 자리로 적당한 곳이 있나 해서 한번 들러 봤습니다."

"아, 그러세요? 마침 교회 자리로 적당한 곳이 있습니다. 제가 차로
안내해 드릴 테니 같이 타시죠."

아직 포장이 안 된 진흙탕길을 지나 도착한 곳은 한참 건축 중인 아
파트 후문에 위치한 단독 주택이었습니다. 대략 50평 정도로 보이는
노란색 벽돌 건물이었는데 외관도 깨끗한데다 제법 튼튼해 보여 첫 인
상은 괜찮았습니다. 집 여기저기를 둘러보는 순간, 제 눈에 탁 띄는 것
이 있었습니다. 바로 집 앞에 깔린 푸른 잔디였습니다. 그 잔디를 본 순
간, 언젠가 참빛 기도원에서 우리 교회에게 주신 예언의 말씀이 떠올랐
습니다.

'어? 잔디? 그럼 여기가 혹시… 기도원에서 말씀하신 그 푸른 잔디
의 땅?'
'그럼 이 곳이 바로 하나님이 예비해 놓으셨다는 바로 그 곳인가?'

푸른 잔디의 땅

　이런 생각을 하니 갑자기 심장이 두근거리면서 기대와 흥분이 올라왔습니다. 그러나 자칫 방심하고 덤벙대다 중요한 사안을 놓칠 수 있으니 마음을 최대한 차분하게 가라앉혔습니다. 그리고 부동산에 다시 들러 주요 사항을 확인해 보았습니다. 여긴 대지와 임야를 합해 총 300평 부지였습니다. 특히 마음에 들었던 건 별장을 방불케 하는 자연 경관이었습니다. 지난 5년간 도로 먼지 풀풀 날리는 화전동 큰 길가에 있다가, 마치 산으로 병풍을 두른 듯 아름다운 별장 같은 땅을 보니 정말로 마음에 들었습니다. 그런데다 후문 쪽이긴 했지만 신축 아파트 옆이라 접근성 면에서도 나름 괜찮다는 생각도 했습니다.

맨땅 개척 미라클 챌린지

여러모로 다 좋았습니다. 딱 한 가지 문제만 없으면. 바로 돈 문제였습니다. 알고 보니 이곳은 불과 한 달 전 계약 직전까지 갔던 땅이었습니다. 11억 5천만 원에 계약 직전까지 갔다가, 두 주인 분 가운데 한쪽 주인의 반대로 무산되어 무조건 12억으로 계약을 굽히지 않는 상황이었습니다. 더구나 이곳 땅은 매입 경쟁이 치열해 하루에도 몇 번씩 유치원을 비롯한 교회, 사찰, 어린이집, 카페, 식당 등 매수 문의가 계속 들어오는 상황이었습니다.

'아… 12억!!!'

참 마음에 드는 땅이긴 한데, 현재 우리에겐 너무 비쌌습니다. 어떻게 돈을 마련할 수 있는지 방도를 알 수 없었습니다. 지난 2014년에 3억 2천 주고 샀던 화전동 교회 땅이 5년이 지난 지금, 과연 얼마나 올랐는지도 알 수 없었습니다.

그날 저녁, 저는 젊은 안수집사님 두 분과 긴급 회동을 가졌습니다. 장로님들과 상의 전, 먼저 안수집사님들의 의중을 확인하기 위함이었습니다. 만남의 장소는 오늘 찾은 지축동 푸른 잔디 땅이었습니다. 땅의 현황을 보여 주며 저는 안수집사님들에게 물어보았습니다.

"집사님들, 여깁니다. 여기 땅… 어때요?"

"이야~ 목사님. 여기 정말 너무 좋습니다! 이거, 무조건 추진해야 합니다. 이정도로 예쁘고 좋은 땅 찾아내기 쉽지 않습니다. 저희가 장로님들 설득하도록 애쓸 테니, 목사님은 저희 믿고 힘써 추진하십시오.”

그 다음날 부동산 사장님에게서 전화가 왔습니다.

“목사님. 지금 여기 지축동 땅이 경쟁이 너무 심한 상황입니다. 아시다시피 하루에도 몇 통씩 매수 문의가 들어오고 있어요. 그런데 목사님이 진짜 땅을 살 마음이 있으시면, 그래도 가계약이라도 걸어야 합니다. 그래야 제가 좀 밀어 드릴 수 있어요.”

‘주여, 과연 제가 어떻게 해야 합니까….’

잠시 주님께 묵상 기도를 드린 후 결단을 내렸습니다. 저는 이 지축동에 있는 ‘푸른 잔디’를 기드온에게 주신 은총의 표징(삿6:37, 7:13)으로 여기고 진행을 결심했습니다. 마침 이 무렵 저희 수중에 약간의 헌금이 있었습니다. 고인이 되신 임한용 집사님의 ‘양말 헌금’ 천만 원을 비롯해 3천만 원의 비상금이 준비되어 있었습니다. 저는 이때야 말로 예비된 이 헌금을 사용해야 할 때라 판단하고, 가계약금 3천만 원을 입금해 일단 지축동 토지를 확보했습니다. 그리고 우리 교회 부동산 매입 매도의 모든 과정을 전적으로 주님께 의탁하였습니다. 그렇게 가계약을 걸고 난 며칠 후, 생각지 않은 소식이 뉴스를 통해 전해졌습니다.

　　　　　　　　　　　　　　　　맨땅 개척 미라클 챌린지

"네. 다음 소식 전해드리겠습니다. 내일 오전 10시에, 정부에서 3기 신도시 부지에 대한 확정안을 발표합니다."

저는 그 뉴스를 보면서 원로목사님께 말씀을 건넸습니다.

"목사님, 예전에 우리 교회에서 화전동 안동네 물건지를 경매로 구입할 때가 2009년 6월경이었습니다. 당시 부동산 매입 문제를 놓고 살지 말지 주님께 응답 기도를 드릴 때 하나님께서 약속을 주셨어요. '구입하라. 10년 내에 이 지역 인근이 개발이 난다'고요. 그 약속에 의하면, 지금이 딱 10년째인데… 과연 우리 쪽이 신도시로 발표가 날까요?"

"맞아. 그때 우리가 그 응답을 받고 샀었지. 벌써 오랜 일이라 잊고 있었는데, 내일 어떻게 되려나. 발표를 기다려 봐야지."

다음 날 아침. 우리 교회 어떤 집사님으로부터 급히 연락이 왔습니다.

"목사님, 목사님. 우리 교회 대박 났어요. 빨리 텔레비전 뉴스 한번 켜 보세요."

텔레비전을 켜 보니 뉴스 화면 아래로 자막에 떴는데, '3기 신도시, 창릉지구 확정'이라 써 있었습니다. 그와 동시에 뉴스 화면에는 우리 교회 뒤로 흐르는 창릉천 전경이 등장해 있었습니다.

"와~ 주여~ 할렐루야!!"

저는 너무 놀라 함성을 질렀습니다. 10년 전에 주신 그 약속이 그대로 성취된 것이었습니다! 사실 주께서 약속하신 것이니 이뤄지는 게 당연합니다. 그럼에도 10년 후 다가올 사건을 주님께서 미리 아시고 그 길로 인도하신다는 것이 너무나 신비롭고 은혜스러웠습니다. 지난 몇 년간 부동산 거래가 거의 없었던 후미진 곳 화전동이, 3기 신도시 확정 발표 덕분에 가장 관심 받는 핫플레이스가 되었습니다.

이제 지축동 토지 구입에 있어 마지막 관문이 남게 되었습니다. 바로 화전동 교회 부지가 얼마에 팔리느냐 하는, 부동산 매각의 건이었습니다. 현재 교회로 쓰고 있는 이곳 화전동 땅을 과연 얼마에 파느냐에 따라, 지축 신도시 토지 매입 가능성 여부가 판가름 날 상황이었습니다.

이렇게 중요한 상황을 앞두고 우리 교회가 반드시 행하는 기도 습관이 있습니다. 바로 작정기도입니다. 우리는 우리 교회 부동산의 모든 매입, 매도 가운데 주님의 역사하심을 간절히 소망하며 밤 9시부터 매일 한 시간씩 40일 작정기도를 진행하였습니다.

맨땅 개척 미라클 챌린지

그러던 어느 날, 저는 지축동 땅을 발견한 그때처럼 주의 인도하심에 핸들을 맡긴 채, 차가 가는 대로 그냥 여기저기를 돌아 다녔습니다. 그렇게 며칠을 돌아다니던 어느 날, 마침 고양시 용두동을 지나는 어느 길목에서 차량 신호에 걸려 차가 멈추어 섰습니다. 그런데 마침 왼쪽 편을 보니 어느 부동산 건물이 보였습니다. 이에 마침 옆자리에서 곤하여 잠깐 주무시는 원로목사님을 깨웠습니다. 건물 옆에 차를 세우고 그냥 무작정 건물 안으로 들어갔습니다. 그런데 들어가자마자 그곳 부동산 사장님이 우릴 먼저 알아보고 인사를 건넸습니다.

"어~ 김광자 전도사님 아니세요? 안녕하세요. 아주 오랜만에 뵙습니다. 여긴 어쩐 일로 오셨어요?"

알고 보니 그 사장님은 예전 원로목사님의 전도사 시절에 같은 교회에서 신앙생활을 하셨던 교인이었습니다. 그 부동산 사장님에게 3기 신도시 확정 소식과 우리 교회 화전동 부지 매도에 관한 얘기를 했더니, 이내 금방 대답을 하셨습니다.

"아, 그래요? 목사님. 아마도 거기 교회 땅 살 사람이 있을 것 같습니다. 걱정 말고 기다리고 계십쇼. 금방 전화가 갈 겁니다."

그 후로 3일 만에 그 사장님에게서 전화가 왔습니다.

"목사님. 제가 말씀드렸죠? 부동산 구입할 사람이 있을 거라고. 그분이 나타났으니, 얼른 도장 가지고 저희 사무실로 오십시오."

그래서 가 보니, 그 부동산을 구입할 사람은 다름 아닌 용두동 부동산 사장님 본인이었습니다! 그러면서 하시는 말씀이, 우리 교회 토지를 6억에 구입하겠다는 것이었습니다. 그래서 저는 더 이상의 밀당(?) 없이 그 자리에서 깔끔하게 매도 계약을 진행했습니다. 그리하여 2014년에 3억 2천에 매입했던 교회 부지를 5년 만에 거의 2배 가까운 금액인 6억에 매도하게 되었습니다. 그 결과 지축동 새 성전 부지에 대한 정식 계약을 진행할 수 있게 되었고, 은행 대출의 도움을 받아 8월에 최종 잔금 지급을 완료할 수 있게 되었습니다. 그렇게 해서 지축동 754-1번지 일대 최종 소유자는 바로 우리 능력교회가 되었습니다!

지축동 터전 매입을 주선한 사장님도 제게 덕담 한마디를 건넸습니다.

"이야, 젊은 목사님이 추진력이 대단하십니다. 솔직히 저는 목사님이 여길 사실 줄은 정말 몰랐습니다. 수많은 경합이 있었는데 이걸 뚫어내시네요. 앞으로 목사님 교회 참 많이 발전하실 것 같습니다."

사실 대부분의 부동산 거래에 있어 매입 매도가 동시에 순적하게 이루어지기란 결코 쉬운 일이 아닙니다. 그럼에도 주의 은혜가 함께 하

 맨땅 개척 미라클 챌린지

시니 마치 톱니바퀴가 연결되듯 지축동 새 성전 터에 관한 모든 과정 하나하나가 자연스럽게 연결이 되었습니다. 참빛 기도원에서 주신 예언 선포, 지축동 '푸른 잔디의 땅'의 우연한 발견, 가계약금 3천만 원 준비, 3기 신도시 발표와 부동산 가격 상승, 용두동 부동산의 교회 부지 매입. 이 모든 사안들이 은혜의 톱니바퀴 안에서 놀랍게 맞물려 결국 지축동 교회 부지 구입이라는 이름다운 열매가 맺히게 되었습니다. 한마디로, 지축동 새 성전 부지의 마련은 우리 하나님의 아름다운 완성작 그 자체였습니다.

할렐루야! 이로서 하나님은 모든 것을 미리 예비하시는 여호와 이레가 되신다는 사실이 확실히 증거 되었습니다. 우리에게 아름다운 지축 신도시에 주의 교회 터전을 마련해 주신 여호와 이레의 하나님 아버지! 감사합니다. 사랑합니다! 송축합니다! 주여, 홀로 높임을 받으소서!

Chapter 25

증축이냐 신축이냐, 그것이 문제로다

[시 37:5]

네 길을 여호와께 맡기라 그를 의지하면 그가 이루시고

지축동 부지의 잔금을 최종 납부한 2019년 8월의 어느 날, 우리의 기쁨은 어느 때보다 충만했습니다. 12년 전 덕은동에서 빈손으로 시작한 우리 교회가 개척 12년 만에 이렇게 아름다운 지축 신도시로 이전해 오다니…! 이젠 더 이상의 소원은 없을 것만 같았습니다.

그러나 그런 기쁨도 잠시. 우리는 이내 당면한 교회 문제와 마주하게 되었습니다. 바로 성전 건축에 관한 문제였습니다. 그간 우린 가진 에너지를 모두 '토지 매입'에 쏟아 부었기 때문에 건물 문제는 잠시 뒤로 미뤄 둔 상태였습니다. 그러나 이제는 토지 구입이 해결되었기 때문에 그간 미뤄 둔 건축 문제가 본격적으로 대두되기 시작했습니다.

그래도 한 가지 감사할 조건은 있었습니다. 지난 화전동 성전 건축 때는 모든 문제를 거의 저 혼자 알아서 해결해야 했습니다. 그러나 이번 지축동 성전 건축 때는 타 교회들처럼 '건축 위원회'를 조직하여 위원들과 제반사항을 의논 하며 진행을 할 수 있게 되었습니다. 이 자체만으로도 저는 상당히 의미 있는 진전이라 생각했습니다.

지축동 성전 건축 공사의 방식을 앞두고 의견은 크게 두 가지였습니다. 건물을 새롭게 짓는 신축으로 갈 것이냐, 아니면 기존의 주택 건물을 그대로 두고 일부만 수리해서 짓는 증축으로 갈 것이냐. 일단 교회의 가장 핵심적인 여론인 장로님들의 의견은 대부분 증축이었습니다.

"목사님. 지금 우리 교회는, 교회 여력에 비해 충분히 비싼 땅을 구입했습니다. 이런 상황에 신축 공사를 진행하게 되면 추가로 자금이 더 많이 투입이 되어야 하는데 지금 우리 형편으로서는 무리입니다. 그래서 일단, 기존 주택용 건물은 그대로 두고 2층을 증축하여 교회 본당으로 쓰는 방안이 좋을 것 같습니다. 그리고 건물 신축하는 건 우리 교회가 나중에 부흥한 후에, 그때 하는 걸로 하는 게 좋겠습니다."

그러나 이러한 의견에 젊은 안수집사님들은 동의하지 않았습니다.

"저희는 그렇게 생각하지 않습니다. 목사님, 그리고 건축위원회 분들. 지금 우리 교회는 지축 신도시에 들어와 있습니다. 그리고 우리 교회 땅과 신축 아파트가 서로 가까이 마주하고 있습니다. 그럼 이렇게 신도시의 새 아파트를 마주한 우리 교회가 어느 정도는 입주민 수준에 맞는 외관을 갖춰야 전도도 되고 자기 발로 교회에 찾아오기도 하지, 건물 외관이 구식이거나 별 볼일 없으면 입주민 대부분에게 외면을 받게 되어 있습니다. 그렇게 되면 우리가 힘들여 지축 신도시로 이전해 온 의미 자체가 없어집니다. 사실 저희도 교회 형편이 많이 힘든 건 알지만, 그래도 조금 더 힘을 모아 건물을 새로 신축해야 합니다.”

사실 양쪽 모두 일리 있는 주장이었습니다. 얼마 후, 교회 건물의 신축이냐 아니면 증축이냐 결정해야 할 선택의 시간이 다가왔습니다. 우린 과연 무엇이 주님의 뜻인지를 구하기 위해 다시 참빛 기도원 성산에 올랐습니다. 여러 날 동안 오봉산 중턱에 올라 큰 소리로 부르짖어 기도하며 주님의 응답을 구했습니다. 이 무렵 저희는 정말 기도원이 있는 오봉산을 마치 우리 교회 뒷동산처럼 자주 올라 기도했습니다. 그렇게 간절히 기도하던 어느 날 하나님께서 드디어 우리 기도에 응답을 주셨습니다.

“신축하라.”

짧지만 분명한 응답을 받았습니다. 그리고 다음날, 우리가 받은 기도 응답이 제대로 받은 것인지 확인해 보기 위해, 같은 기도 제목으로

　　　　　　　　　　　　　　　　　　　맨땅 개척 미라클 챌린지

참빛 기도원 제단에 올려드렸습니다. 우리 교회의 기도 제목을 본 여호수아 부원장님은 예언 기도 가운데 선포하셨습니다. (이곳 기도원은, 예언으로 응답 주신 내용을 프린트물로 출력해서 전달해 주는 특징이 있습니다)

"…. 내 집을 세울 자를 내가 지명하며 맡아 일을 하게 하였으니… 너는 감사하라."

우리 목회자들이 받은 응답과 참빛 기도원의 은사자들을 통해 주신 응답의 내용이 일치한 것이었습니다. 이제 더 이상의 고민이 필요 없었습니다. 이것이 하나님께서 주신 응답이요 주님의 뜻임을 믿고 '교회 신축'을 결정하고 추진하기로 결심했습니다.

주일 예배 후, 건축 위원회를 소집하고 성전 건축에 대한 '신축 공사' 결정 소식을 전달하였습니다. 저의 이런 결정에 일부 건축 위원들은 강하게 반대했습니다. 돈 문제로 교회가 부도가 날 수 있느니, 지축동 교회 땅이 경매로 넘어갈 수 있느니 하며 여러 가지 이유를 나열했습니다. 심지어 어떤 분은 경고문 비슷한 문자를 저에게 보내셨습니다. '만약 더 이상 교회 신축이라는 무리수를 감행한다면, 본인은 다른 교회로 옮길 수도 있음'을 내비치셨습니다. 그리고 보니 예전에 어떤 교회에서 건축하다가 시험에 들어 크게 분란이 나고 결국 두 개로 쪼개졌다는 애기를 들은 적이 있는데, 정말 이런 일들이 남 이야기 같지 않게 느껴졌습니다.

저는 다시 한번 주님께 간절히 기도했습니다.

'주님, 생각보다 일부 건축 위원들의 반대가 거센 상황입니다. 제가 어떻게 해야 할까요?'

이때 주님께서 마음에 한 가지 깨달음을 주셨습니다.

'그래. 분명 주님께 받은 응답이 확실하지만 그건 내가 받은 것이지 이분들이 받은 것이 아니다. 어찌 보면 이분들 입장에선 걱정이 되는 건 당연하고, 사실 반대하는 것도 이상한 일이 아니다. 결국 방법은 하나다. 될 때까지 설득하는 수밖에.'

그렇게 신축을 반대하시는 분들의 마음을 누그러뜨리기 위해 약 3개월 이상 설득의 시간이 필요했습니다. 어떨 땐 저 혼자만이 아니라 안수 집사님들까지 동원해 설득했습니다. 때론 건축 위원 집까지 찾아가 늦은 시간까지 간곡히 매달렸습니다. 때론 휴가를 포기해 가며, 또 점심을 못 먹어 가며 설득에 매달리다보니, 주변에서 보는 이들의 마음을 안타깝게 하기도 했습니다.

감사한 건, 기나긴 설득 작업 끝에 결국 허락을 얻어냈다는 사실입니다. 그러나 사실, 그건 마지못해 한 찬성이지 적극적 동의는 아니었기에 그분들은 그 후론 건축 위원회에 거의 참여하지 않았습니다. 그러나 어쨌든 찬성은 찬성이므로 모든 위원들의 신축 동의를 얻자마자 빠른 결단을 내렸습니다. 기존 건물의 철거를 바로 감행했던 것이었습니다. 한자성어로 말하면 '파부침주(破釜沈舟)'. 옛날 전쟁 중에 비장한 각오로 사생결단을 내릴 땐 가마솥을 깨고 배를 가라앉혀 퇴로를 차단했다고 했는데, 저는 바로 그 심정으로 교회 건축에 있어 퇴로를 차단코자 했습니다. 일부 건축 위원들은 철거 하루 전날까지 '한번 더 재고를 부탁드린다.'는 문자를 보내 왔지만 그럼에도 전 눈을 질끈 감고 철거 공사를 감행했습니다.

철거 당일, 포크레인이 들어와 건물을 부수기 시작하는데 솔직히 제 심경이 복잡했습니다.

'아… 이제는 정말 돌아오지 못할 강을 건넜구나.'

시원함 보다는 걱정이 더 앞섰습니다. 그렇게 포크레인 프레커로 옛 건물의 기초 방석을 부수는데 그 속에서 엄청난 양의 철근이 나왔습니다. 그 철근 덩어리를 모아다가 화물 트럭에 실어 고물상에 직접 팔았습니다. (이 트럭은 건축 공사를 위해 몇 달 전 온비드 공매를 통해 제가 직접 염가에 구입한 차량으로, 공사 내내 자재 운반 같은 '물류비 절감'에 아주 톡톡히 기여를 한 진짜 효자 차량이었습니다) 그렇게 며칠에 걸쳐 건물을 다 부수는데 정말 어마어마한 양의 폐기물이 나왔습니다.

무려 25톤 덤프트럭 30대 분량의 폐기물이 나왔습니다. 이때 전 한 푼의 돈이라도 아낄 요량으로 철거 공사를 업체가 아닌 셀프로 진행했습니다. 관할 구청 철거 신고를 비롯해 포크레인 기사 구인, 덤프트럭 30대 준비, 폐기물의 환경부 '올바로 시스템 신고'까지 모두 제 손으로 진행하고 행정 처리를 완료했습니다.

그렇게 들어간 철거 비용은 총 1150만 원. 여타의 철거 업체에서 받은 견적에 비하면 절반에도 훨씬 못 미치는 금액으로 끝냈지만, 비용을 지불하고 나니 통장 잔액이 800만 원가량 남았습니다. 이때 문득 화전동 시절 건축 공사 생각이 났습니다.

'맞아. 그때 화전동 교회 건축 공사에서도 남은 돈 500만 원 가지고 공사를 시작했는데, 이번 지축동에서도 800만 원 가지고 건축을 시작한다니 이 무슨 운명의 장난이란 말인가?

저는 하늘을 바라보며 푸념 섞인 말로 넋두리를 늘어놓았습니다.
"주여, 저도 한번쯤은 예산이란 것도 세우고, 여유 자금도 가지며 교회 건축을 진행해 봤으면 좋겠습니다…!"

2019년 10월. 설계 사무소로부터 건축 도면 전달을 받았습니다. H빔 골조에 라인메탈 판넬 재질. 교회 높이는 대략 12미터 정도였습니

　　　　　　　　　　　　　맨땅 개척 미라클 챌린지

다. 이 도면을 바탕으로 건설 업체를 통해 견적을 내보니 최소 견적이 3억 5천이었습니다. (이건 내부 인테리어를 제외한 순전히 외부 건물에 해당하는 금액이었습니다) 바로 이어진 주일, 건축위원회가 모였을 때 어떤 집사님이 제게 말씀을 건네왔습니다.

"목사님. 우리 교회가 앞으로 신축하시기로 결정했다면서요? 이제 건물 도면도 다 나왔다던데, 그러면 앞으로 어떻게 건축 자금을 조달할지 예산이 나와야 하잖아요? 예산 계획서 좀 보여 주세요."

집사님의 그 말에, 저는 속으로 뜨끔했습니다. 그러나 표정은 아무렇지 않은 척 최대한 여유롭게 지었습니다. 그리고 이내 헛웃음을 지었습니다.

"예산 계획서요? 허허허. 아직은 없는데요. 빨리 만들어 볼게요."

Chapter 26

Way Maker, 새 길을 만드시는 주

[사 43:19]

보라 내가 새 일을 행하리니 이제 나타낼 것이라 너희가 그것을 알

지 못하겠느냐 반드시 내가 광야에 길을 사막에 강을 내리니

지축동에 교회 토지를 매입한 후로 거의 매주 건축 위원회가 열렸습니다. 회의를 할 때마다 저는 겉으론 웃고 있었지만, 속으로는 걱정이 이만저만이 아니었습니다. 웃음으로 때우는 것도 한두 번이지 언제까지 허허실실로 넘길 수 없는 노릇이었습니다.

고민 끝에 저는 작은 도움이라도 기대할 수 있는 분들 명단을 만들어 한 분 한 분 찾아뵈었습니다. 같은 노회 소속된 목사님들을 비롯해 사업을 크게 하시는 장로님들까지, 아버지 생전에 오랜 친분이 있는 장로님들도 만나 보았습니다. 그러나 막상 그분들 앞에서 돈 이야기를 꺼낸다는 건 쉬운 일이 아니었습니다! 뭔가 제게 사정이 있는 걸 아는 듯했지만 그렇다고 그분들이 선뜻 나서 도움을 줄 만한 기미가 보이지 않

았습니다. 그도 당연한 것이, 교회 건축이 저에게야 급한 일이지만 그 분들로선 솔직히 남의 일에 불과했기 때문입니다. 결국 어색한 대화 끝에 괜히 눈치만 보다 어정쩡하게 인사만 하고 나오게 되었습니다. 괜히 마음만 불편하고 관계만 더 서먹해지고 말았습니다.

그러다 문득 '**1천만 원**' 생각이 났습니다. 10여 년 전 우릴 내보낸 교회에서 약속한 바로 그 천만 원 말입니다. 간간이 길에서 해당 교회 권사님을 만날 때면 빼놓지 않고 말을 꺼냈습니다.

"아니, 권사님. 대체 그 교회는 약속한 천만 원은 언제 주신답니까? 저희들 이러다 눈 빠지겠습니다."

"그러게요, 목사님. 아직도 그 교회랑 재판이 안 끝났다네요. 힘들지만, 조금만 더 기다려 보세요."

그렇게 흘러간 세월이 무려 12년이었습니다. 다른 때라면 몰라도, 지금은 그야말로 발등에 불이 떨어진 상황이었습니다. 코 묻은 애들 돈 할 것 없이 모두 다 보태야 했기에, 저는 나름의 절박감과 기대감을 가지고 해당 교회 장로님을 찾아가 얼굴을 뵈었습니다.

"안녕하세요, 장로님. 오랜만에 뵙습니다."

"안녕하세요, 서목사님. 오랜만입니다. 야~ 세월이 많이 흘렀네요. 예전에 20대 청년 시절에 봤는데, 어느새 40대 목사님이 되어서 만나게 되었습니다."

"네, 장로님. 저희가 ○○교회에서 나간 후 교회를 개척한 소식은 아마 들어서 아실 것입니다. 그간 고생은 좀 했지만 주님의 은혜로 작게나마 성장하여 지축동에 땅을 매입하였고 현재는 교회 건축을 준비하는 가운데 있는데, 사실 건축비가 턱없이 모자란 상황입니다. 그런데, 장로님도 아시죠? 그때 저희를 내보내시면서 주시기로 약속한 그 '천만 원'말입니다. 저희가 지금 많이 급한 상황이라서요. 듣자하니 이제는 그간의 얽힌 재판 건도 다 해결되었다고 하던데, 그럼 이제 약속하신 대로 저희에게 천만 원 지급 이행을 좀 부탁드리겠습니다. 담임목사님과 장로님들에게 제 말씀 좀 잘 전해 주십시오."

제 이야기를 들은 장로님은 그 자리에서 협조를 약속하셨습니다. 며칠 후 장로님으로부터 전화를 받았습니다.

"목사님. 전해 주신 말씀을 듣고서 당회록을 확인해 보니 '천만 원 지급 건'에 대한 약정이 나와 있었습니다. 그리고 50만 원을 능력교회 앞으로 4회 계좌 이체한 내역도 확인했습니다. 그래서 이 문제를 놓고 현재 시무 장로들과, 그리고 당시 청년들을 내보낼 때 회의를 주도한 은

퇴 장로님과 함께 상의해 보았습니다. 그리고 회의 끝에 내려진 결론
은 이렇게 되었습니다.

'본 교회에서 약속한 '천만 원 지급의 건'은 이미 12년이나 지난 일이
며, 당시 당회에서 지급 결정한 사안은 현 시무 장로가 아닌 예전 은퇴
하신 장로들이 처리한 일이므로 현 당회에서는 그 부분에 대한 이행 책
임이 없기에 따라서 본 당회는 천만 원 채무 건에 관해 지급하지 않기
로 결정함'

사실 목사님, 이 회의는 주로 은퇴하신 장로님들이 주도하셨고 그분
들의 발언이 워낙 세서 이제 막 장로가 된 저는 솔직히 발언권이 없었
습니다. 목사님, 어쨌든 이런 결론을 말씀드리게 되어 미안하게 되었
습니다."

저는 이런 일방적인 결과 통보에 참 마음이 상했습니다. 개척 초기,
일방적인 지급 중단으로 인해 차량 할부 대금을 무느라 생고생했던 생
각이 다시금 떠올랐습니다.

'아니. 자기들 약속만 믿고 교회 차를 사는 바람에 재정적으로 교회
가 너무 힘들어 제발 약속한 돈 좀 달라고 하면 재판 끝나고 준다며 하
염없이 기다리게 만들더니, 이제 와선 이미 오래된 일이라 자기들은 책

임이 없는 일이라구? 교회 당회록에 버젓이 나와 있는 내용을? 더구나 상가 재산도 있는 교회가? 진짜 교회라는 곳이 이렇게 약속한 바를 손바닥 뒤집듯 막 저버려도 되는 건가?'

건축을 앞두고 재정적으로 힘든 마당에 이런 납득이 되지 않는 소리까지 들으니 속으로 더욱 원망이 가중되었습니다. 그렇다고 이제 와서 건축을 되돌리기엔 너무 늦었습니다. 퇴로는 이미 막혔습니다. 지축동 옛 건물은 이미 '파부침주'로 철거해 버렸기 때문에 우리에겐 공터 밖에 남은 게 없었습니다. 이젠 무조건 앞으로 가야 하는데, 대체 무얼 믿고 이 큰 공사를 시작해야 하는지 암담하기가 그지없었습니다.

그제서야 저는 하나님 앞에 두 손을 들었습니다. 할 수 있는 나의 수단과 방법이 모두 막혀 버렸기 때문입니다. 특히 재정적인 어려움에 처했을 때 주님의 도우심을 구하기보다 내 판단과 방법을 더 의지했던 제 숨은 죄도 회개하였습니다. 그래서 이제는 나를 내려놓고 진정 주님의 도우심을 의지하고자 하루 2시간씩 40일 작정기도를 시작했습니다. 감사한 것은 새롭게 작정기도를 시작하니 주님께서 우리 교회에 성전 건축 주제가를 허락해 주셨다는 사실입니다. 바로 찬송가 347장 '허락하신 새 땅에'였습니다. 우린 이 찬송을 성전 건축이 완공되는 그 날까지 얼마나 부르고 또 불렀나 모릅니다.

　　　　　　　　　　　　　　맨땅 개척 미라클 챌린지

"허락하신 새 땅에 들어가려면, 맘에 준비 다하여 힘써 일하세.
시험 환란 당해도 낙심 말고서, 맘에 걱정 버리고 힘써 일하세.
(후렴) 여호수아 본받아 앞으로 가세. 우리 거할 처소는 주님 품일세."

희한한 건, 내 생각과 방법으로 혼자 동분서주할 땐 모든 것이 막히고 꼬이는 것 같더니, 모든 걸 뒤로하고 하나님께 기도를 시작한 후로부터 정말 얽힌 실타래가 풀리며 하나둘씩 해결되기 시작했다는 것입니다.

이후 제일 먼저 추진된 사안은 건축을 위한 전교인 헌금 작정이었습니다. 사실 이번 지축동 성전 건축은 지난 화전동 완공 5년 만의 일이라, 교인들에게 짧은 기간에 다시 헌금 부담을 주는 것 같아 어찌하지 못하고 기다리고 있었습니다. 그런데 도리어 건축 위원회에서 보다 주도적으로 움직이면서 성도들 스스로 자발적인 헌금 모금이 이루어진 것이었습니다. 제 걱정과는 달리, 많은 성도들이 적극적으로 동참해 주셨는데 특히 주일학교 아이들까지 동참하여, 그동안 모아둔 '백만 원' 이상의 통장을 아낌없이 주님 앞에 드렸습니다. 이렇게 온 성도들이 주님 앞에 사랑과 충성으로 최선을 다해 헌금 작정을 하였고, 그 결과 1억 3천만 원의 헌금이 모금되었습니다.

이뿐 아니라 하나님의 은혜 가운데 여러 도움의 손길들이 우리 교회 건축과 함께 하였습니다.

우선 김광자 원로목사님은 사시던 아파트 보증금을 빼서 교회 건축 공사비에 쓰도록 도와주셨습니다. 정중교 부목사님 가정에서도 마이너스 통장을 개설해서 건축 공사비를 지원해 주었습니다. 그리고 개척 때부터 함께 동역했던 심상현 목사님 역시 다른 사역지에서 섬기는 가운데 카드 대출을 받아 교회 건축을 지원했습니다. 저의 형님이신 서보은 안수집사 가정 그리고 제 친구 류큰샘 안수집사님 가정에서는 건축 헌금에다 본인들 앞으로 대출까지 받아 도와주셨습니다. 물론 이로 인해 발생한 '대출 이자'를 모두 본인들 부담으로 떠안고서 말입니다. 어떤 성도님의 경우엔, 직장에서 받은 거액의 '성과금' 전부를 헌금으로 드리신 분도 있었습니다. 그리고 기계 공장을 운영하는 시온이네 가정에서도 건축에 필요한 '건축 면허'를 비롯해 건축자재 지원, 거금 차용 등 교회 건축에 중요한 몫을 담당해 주셨습니다. 그리고 특히 지난 화전동 성전 건축 때 우리를 도와주신 모 교회 김진환 선생님 가정에서 이번 지축동 성전 건축 때에도 또다시 '천만 원'을 헌금해 주심으로, 다시 한번 우리 교회를 돕는 로뎀나무 천사의 가정이 되셨습니다. 이처럼 교회 성도들과 능력교회를 사랑해 주신 모든 성도들의 헌신과 도움에 힘입어, 2020년 2월 착공 예배를 시작으로 성전 건축 공사를 시작하게 되었습니다.

착공 예배

　　물론 방해의 세력도 만만치 않았습니다. 건축 공사를 시작하자마자 기다렸다는 듯 난관들이 밀려오기 시작했습니다. 더욱이 우릴 당황케 한 건 인근 주민들의 반대 민원이었습니다. 담당 공무원으로부터 전해 들은 바에 따르면, 하루 평균 40여 건의 반대 민원이 구청에 쇄도해 업무 지장을 초래할 정도로 극심한 민원이 발생되었다고 합니다. 한번은 건축 허가를 담당한 사무소 소장님이 우리 교회 건축 현장을 방문하셨습니다.

　　"야~ 나 참. 지금 여기 아파트 주민들이 반대 민원 올린 거 소식 들으셨죠? 야~ 여기 능력교회나 되니까 기도빨이 세서 이걸 뚫고 나가는 거지, 다른 데 같으면 이거 진작에 건축 중단감입니다!"

공사를 힘겹게 만든 또 하나의 난관은 바로 코로나 팬데믹이었습니다. 기공 예배를 시작으로 교회 공사의 첫 삽을 뜬 2020년 2월, 이때가 코로나 팬데믹이 전국적으로 번져 가던 시점이었습니다. 정부 당국의 명령에 따라 대부분의 교회 예배가 온라인으로 대체되었습니다. 더 자주 예배를 드려도 헌금이 모자를 판에 집에서 드리는 온라인 예배라니. 교회 헌금이 감소되는 건 당연한 수순이었습니다.

'하필이면 건축 기간에 코로나가 생기다니. 이 일을 어쩐다?'

그러던 어느 날 새벽, 의미 있는 꿈을 꾸었습니다. 버스 한 대가 보였고 그 안에 여러 승객들이 타고 있었습니다. 마치 한가로운 공원길을 지나듯 버스는 따스한 햇살 아래 평온한 길을 지나고 있었습니다. 그 안을 들여다보니 버스 기사는 바로 저였습니다. 그리고 승객들은 우리 능력교회 교인들이었습니다. 그렇게 버스가 화기애애함 속에 평온한 길로 가는 도중이었습니다. 그런데 돌연 장면이 바뀌더니 제가 운전하는 버스의 창문 밖으로 한 장면이 보였습니다. 놀랍게도 창문 밖에는 엄청난 폭우가 내리고 있었습니다. 그리고 폭우에 빠진 수많은 사람들이 허우적거리는 모습이 보였습니다. 그런데 이런 환란 가운데 마치 갈라진 홍해수가 벽을 이루어 이스라엘 백성들을 보호하듯, 그 거친 비

     맨땅 개척 미라클 챌린지

바람이 우리 쪽에 범람하지 못하고 바다에 새롭게 난 길로 제가 운전하는 버스가 평온하게 길을 지나가는 꿈을 꾼 것입니다. 꿈에서 깨고 나서 한 가지 깨달음이 임했습니다. 이토록 심한 코로나 팬데믹 속에서도 주님께서 우리 교회에 **새 길**을 내사 우리 교회 건축을 평온하게 인도해 주시겠다는 약속을 알려 주신 것이었습니다.

한참 성전을 건축 중인 어느 날, 우리 교회 화전동 땅을 구입했던 그 용두동 부동산 사장님이 연락이 왔습니다.

"목사님. 잘 지내시죠? 제게 목사님 교회 건축에 도움이 될 만한 소식이 있습니다. 빨리 저희 사무실로 좀 와주세요."

알고 보니 교회의 옛 부지인 화전동 성전 땅 아래로 한전의 '전기 선로'가 매설이 되어 있어, 지난 5년간의 토지 사용료에 대한 보상을 받을 수 있다는 사실을 알려 주었습니다. 이후 사장님께 다시 한번 연락이 와서 인감도장 한번 찍어 달라 해서 바로 찍어 줬더니, 몇 달 후 수수료를 제외한 2천만 원 가까운 돈이 통장으로 입금되었습니다. 이건 정말 우리 교회 건축 공사에 단비와도 같은 축복이었습니다.

그러던 어느 날, 우리 교회 성도 분에게 금융 사기 피해가 발생했습니다. 본인도 많이 당황했고 그의 온 가족 역시 큰 슬픔에 잠겼습니다.

이런 가운데 제가 나서서 그분에게 얽힌 법적 문제를 비롯해 경찰 조서, 회생 신청 등 여러 일들이 원만하게 해결될 수 있도록 도와드렸습니다. 결국 사기 행각을 벌린 주범은 감옥에 가게 되었고, 그분은 큰 피해 없이 선하게 마무리가 잘 되었습니다. 이에 감사함을 느낀 성도는 그간 모아둔 금액 1600만 원을 주님 앞에 건축 헌금으로 드렸습니다. 이 헌물을 통해 교회 외벽 보강토 공사와 영상 시설 공사를 진행하게 되었습니다. 이렇듯 저는 주님의 합력하여 선을 이루심에 그저 놀랄 뿐이었습니다.

건축 공사를 진행한 지난 2년 여 동안, 이곳 지축동에서도 역시 저와 우리 부목사님은 주일에만 목사일 뿐 평일은 노가다 인부였습니다. 돈을 아끼려다 보니 웬만한 소소한 공사는 저와 부목사님 둘이 해냈습니다. 특히 우리 부목사님의 손재주는 참 비상해서 웬만한 설비 기사 이상으로 일을 잘했습니다. 더구나 우린 군 시절부터 함께 지낸 사이라, 처음 접하는 일을 해도 손발이 척척 잘 맞았습니다. 이런 식으로 교회 곳곳에 셀프 공사를 진행하여 건축에 들어가는 비용을 상당히 절감하곤 하였습니다.

결국 2022년 3월, 교회 내 모든 공사를 완공하였습니다. 그리고 그해 5월, 감격적인 지축동 성전 입당식 및 임직 예배를 은혜 가운데 드리게 되었습니다. 이로써 '일을 이루시는 여호와, 일을 성취하는 여호와(렘

                                      맨땅 개척 미라클 챌린지

33:2)'의 역사를 우리 교회 건축을 통해 증명하게 된 것이었습니다. 할 렐루야!

건축을 하는 동안 수많은 문제를 당면해 보았습니다. 긴급한 돈 문제를 비롯해, 관할 구청과 관련된 수많은 민원 문제, 예상치 못한 성도 간 분쟁과 의견 차 등 수많은 어려움과 마주했습니다. 어떤 이는 건축을 시작하는 제 본의를 오해해 욕심이라 말하기도 했습니다. 그러나 이 모든 일에 일일이 대항하지 않고 묵묵히 기도로 참고 지나갔습니다. 그때마다 주님은 저와 교회의 피난처가 되어 주셔서 독수리 날개로 업어 안전한 곳으로 인도해 주시며 보호해 주셨습니다(출19:4)

저는 이번 지축동 성전 건축을 통해 한 가지 분명한 깨달음을 얻었습니다. 주님은 진실로 우리 인생에 새 길을 만드시는 Way Maker이십니다. 아무리 우리 인생에 길이 없어 보여도, 그분과 가까이 하면 주님은 우리에게 새 길을 만들어 주십니다. 어떤 막막한 문제라도 뚫어낼 수 있는 힘이 우리 주님께 있음을 온 맘 다해 고백합니다. 주님은 엘 샤다이, 전능하신 하나님, 기적의 하나님이십니다.

이토록 연약한 우리 교회를 사랑하시어, 아름다운 곳으로 인도해 주시고 좋은 성전을 세울 수 있도록 인도해 주신 주님의 영광스런 인도하심에 감사드리며, 우리 능력교회가 주님 다시 오시는 그날까지 진리의 기둥과 터가 되어 세상 끝날까지 주님의 순결한 신부의 사명을 온전히 감당할 것을 주님 앞에 엄숙히 다짐합니다.

지축동 성전 완공

맨땅 개척 미라클 챌린지

Chapter 27

베데스다의 기적

[요 5:2-4]

예루살렘에 있는 양문 곁에 히브리 말로 베데스다라 하는 못이 있는데 거기 행각 다섯이 있고 그 안에 많은 병자, 맹인, 다리 저는 사람, 혈기 마른 사람들이 누워 물의 움직임을 기다리니 이는 천사가 가끔 못에 내려와 물을 움직이게 하는데 움직인 후에 먼저 들어가는 자는 어떤 병에 걸렸든지 낫게 됨이러라

우리 교회는 매년 신년 정초에 산기도로 새해를 시작합니다. 2019년 1월 1일, 이날 역시 몇 명의 교인을 데리고 신년 산기도를 드리기 위해 참빛 기도원 성산에 올랐습니다. 산에 오르기 전, 기도원 원장님께 잠깐 들러 봉투 하나를 건네 드렸습니다.

"원장님. 언제나 이렇게 기도하시랴 봉사하시랴 정말 여러 모로 고생이 많으십니다. 이거 약소한 건데 기도원 분들과 막국수라도 좀 드셔요."

평소 같으면 기도원 식구들과 간단하게 식사라도 하실 수 있을 텐데, 원장님께서 그 봉투를 받는 순간 이번엔 이 봉투를 '능력교회' 이름으로 기도원 제단에 올려야겠다는 생각이 드셨답니다. 그렇게 우리 교회 이름으로 봉헌된 헌금은 여호수아 부원장님 입술을 통해 우리를 향한 주님의 비전과 예언의 말씀으로 선포되었습니다.

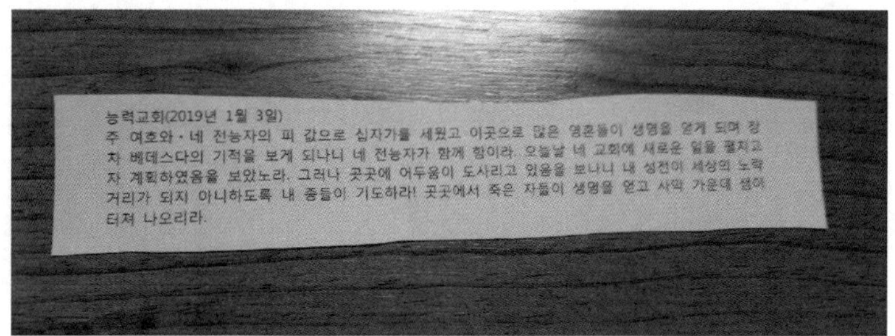

참빛 기도원에서 주신 예언의 말씀

[2019년 1월 3일 능력교회: 주 여호와 네 전능자의 피 값으로 십자가를 세웠고 이곳으로 많은 영혼들이 생명을 얻게 되며 장차 베데스다의 기적을 보게 되나니 네 전능자가 함께 함이라. 오늘날 네 교회에 새로운 일을 펼치고자 계획하였음을 보았노라. 그러나 곳곳에 어두움이 도사리고 있음을 보나니 내 성전이 세상의 노략거리가 되지 아니하도록 내 종들이 기도하라! 곳곳에서 죽은 자들이 생명을 얻고 사막 가운데 샘이 터져 나오리라]

우리 교회가 구입한 지축동 터전의 옛 이름은 오부자 땅입니다. 5명의 부자가 살았던 땅이라 하여 붙여진 이름인데, 풍수지리 관점에서는 좋은 땅이랍니다. 그래서 풍수 사상을 믿는 수많은 자들이 조상님들 모시는 못자리로 쓰는 땅이 바로 우리 교회 뒷산입니다. 문제는 풍수지리적 관점에서는 이곳이 좋은 땅인지는 몰라도, 성경적 관점에서는 반대로 문제가 많은 땅이라는 의미입니다. 영적인 면으로 보면 이곳은 거라사 지방 같은 불모지로 판명되는 곳입니다(막5:1)

그래서 지축동 땅을 구입한 후 여호수아가 가나안 정복 당시 여리고 성 주변을 돌았듯이, 우리도 하루 한 바퀴씩 교회 토지 주변을 돌았습니다. 그리고 1시간씩 그 땅에서 땅 밟기 기도를 드렸습니다. 그런데 놀랍게도, 그동안 기도 생활을 통해 어느 정도 내공(?)이 쌓였음에도 불구하고 이번 새로 구입한 이 땅에서 느끼는 영적 부딪침은 참으로 대단했습니다. 기도 중 등골이 오싹 거리는 느낌이 들기도 하고, 어떨 땐 머리가 조여 오듯 통증이 느껴지기도 하고, 때론 멀쩡히 눈을 뜨고 있는데도 불상과 귀신들이 환상으로 보이기도 했습니다.

그렇게 여리고 땅 밟기 기도를 한 다섯째 날이었습니다. 기도 중 뭔가 느낌이 이상해서 산 저쪽을 쳐다봤는데, 대략 50미터 떨어진 위쪽 산비탈에서 엄청나게 큰 덩치가 내려왔습니다. 바로 멧돼지였습니다!(정말 지프차만 한 덩치였습니다) 이놈이 뒹굴뒹굴하며 산에서 내려오는데,

기도하다 말고 깜짝 놀라 우리 목사님들을 향해 소리쳤습니다.

"어~ 어~ 멧돼지! 멧돼지!"

같이 기도하는 우리 목사님들에게 손짓하며 빨리 차에 올라타라고 뛰어갔습니다. 그런데 저의 이러한 목소리에 이 멧돼지 녀석도 놀랐는지, 이놈도 도로 산으로 줄행랑을 쳤습니다. 이후 남은 이틀간의 여리고 기도는 눈을 감지 않고 도리어 부릅뜨고 기도했습니다. 혹여 멧돼지가 또 내려올까 봐. 이건 귀신을 물리치는 건지, 멧돼지를 물리치는 건지 헷갈리는 기도였습니다.

드디어 마지막 일곱째 날. 교회 주변 7바퀴를 돌았습니다. 연세가 거의 80에 가까우신 원로목사님도 숨을 몰아쉬면서도 땅 밟기 기도에 완주하시려 애를 쓰셨습니다. 마지막 날 일곱 바퀴를 도는 데만 거의 한 시간가량이 걸렸습니다. 드디어 마지막 바퀴를 다 돌고나서, 사력을 다해 외쳤습니다.

"주여! 주여! 주여!"

이렇게 '주여 3창'을 하고 한 시간 가량 통성으로 기도했습니다. 그렇게 한참을 기도하는데 불현듯 환상이 보였습니다. 그간 이 땅에 자리

　　　　　　　　　　　　　맨땅 개척 미라클 챌린지

잡았던 각종 혼미한 귀신들이 보이기 시작하는데 아주 난리가 났습니다. 이에 질세라 저도 예수 피를 의지하여 이 **지역**에 역사하는 더러운 귀신들을 물리치는 기도를 드렸습니다. 한참동안 대적하며 깊은 기도를 드렸는데, 갑자기 마음 안으로 찬양이 흘러 들려왔습니다.

"성령의 새 바람, 이 땅에 불어오소서.
주의 영 그 생기로 우리를 다시 살리사.
이 땅에 하나님 영광 거하는 그런 나라가 되게 하소서.
열방에 하나님 영광 비추는 그런 교회가 되게 하소서."

에스겔 골짜기의 마른 뼈들이 하나님의 생기로 살아나 주의 큰 군대로 일어나듯, 이렇게 무덤이 많고 미신으로 덮인 이 지축동 땅에 하나님의 생기가 불어옴으로 주의 큰 군대로 일어서는 '성령의 역사'에 대한 비전을 제 마음에 주셨습니다.

감사한 것은, 지난번 참빛 기도원에서 2019년 신년 초에 주신 '베데스다의 치유'의 기름 부으심이 지축동 예배 때부터 본격적으로 나타나게 되었다는 것입니다. 주일 예배나 기도회 가운데 여러 가지 종류의 치유의 환상을 보여 주십니다. 그러면 저는 주께서 보이신 환상을 본 바대로 믿음으로 선포합니다.

"지금 한쪽 귀에 이상이 있으신 성도님, 주님께서 치료해 주셨습니다. 지금 오른쪽 팔에 가려움증이 있으신 분 하나님께서 치유의 은혜를 베풀어 주셨습니다." 이런 식으로 치유를 선포하면, 그 환자 성도에게 치유가 나타나는 참 신비한 은사를 주셨습니다. (처음엔, 저도 그 사실이 믿기지 않아 나았다고 간증하는 분에게 정말 나은 게 맞냐고 되묻곤 하였습니다)

한창 우리 교회 지축동 건축 공사에 박차를 가하던 때였습니다. 그날도 힘든 교회 공사를 마치고, 정중교 부목사님 가정에 저녁 식사 초대를 받아 식사 기도를 하는 중이었습니다. 그 식탁에서 갑자기 제 눈에 환상이 보이는데, 주님의 손이 나타나 부목사님 허리 부위에 주사기로 주사를 놔주시는 것이었습니다. 저는 본 바 대로 식사 기도를 마치자마자 바로 선포했습니다.

"부목사님. 조금 전 식탁에서 환상이 보였는데, 주님께서 부목사님 허리를 고쳐 주셨습니다!"

그때가 마침 부목사님이 허리 디스크 증세로 인해 강남의 소문난 정형외과를 찾아가 MRI도 찍고 치료를 받았지만 특별한 차도가 없어 고생을 하던 때였습니다. 저의 말을 들은 부목사님이 바로 의자에서 일어나 땅바닥에 등을 대고 누웠습니다. 누운 상태에서 다리를 위로 쭉

    맨땅 개척 미라클 챌린지

들어 올리는데, 올리는 순간 자기도 모르게 소리를 질렀습니다.

"어!! 진짜진짜~ 다리가, 다리가 올라가! 올라가!"

평소 눈이 작은 우리 부목사님인데 자기도 모르게 다리가 위로 쭉 올라가니, 너무 놀라 눈이 뚱그래지며 커졌습니다. 그러면서 말하기를, 디스크 환자는 원래 다리 각도가 30도 정도 밖에는 안 올라가게끔 되어 있는데 저의 치유선포 후 다리가 순식간에 90도로 올라가게 되었다며 주님의 은혜가 너무나 놀랍다고 고백을 하였습니다. 이렇듯 주님은 성전 건축에 여러모로 고생을 한 우리 부목사님에게 치유의 은혜로 만져 주셨던 것이었습니다.

또 한번은 실시간 유튜브 예배에 참여한 가정에게서 있었던 일입니다. 이 가정은 예전에 타 지역에 살다 최근 지축 신도시 아파트로 이전한 가정으로, 아직까지 다닐 교회를 정하지 못한 데다 가족들 모두 코로나에 걸려 몇 주간 집에서 유튜브로 우리 교회 예배에 참여하는 중이었습니다. 이 가정에는 중요한 기도 제목이 있었습니다. 초등학교 다니는 아들이 있었는데 일종의 대인 기피증세가 있었습니다. 시간이 지나면 나아지려니 했지만 여전히 아들은 다른 또래 친구들과 어울려 지내지 못했고 그런데다 틱 증세까지 겹쳐 부모님 걱정이 큰 그런 상황이었습니다. 하루는 아이 엄마가 시간을 내어 의사 선생님을 찾아가 상담을 했더니, 엄마 직장을 내려놓고 '아들 케어'에 집중해야 한다는 진단까지 받은 그런 상황이었습니다. 그런 가운데 아들 문제를 놓고 아이 엄마가 하나님께 간절히 기도를 하던 상황이었습니다.

그런데 어느 주일날 유튜브를 통해 우리 교회 설교를 듣는데, 설교 시간 말미에 갑자기 제가 강대상에서 환상 한 가지를 선포했다고 합니다.

"어떤 남자 아이가 있는데, 마치 계란 껍데기에서 부화하듯 떨치고 나와 하나님의 지혜와 총명으로 무장되고 전보다 더욱 밝고 활기차졌습니다!"

아이 엄마는 화면으로 설교를 듣다가, 이렇게 선포된 치유의 말씀을 듣고 이것이 본인 아들에게 주신 말씀으로 믿고 그 자리에 손을 들고 "아멘! 아멘!" 했다고 합니다. 그런데 그 선포가 있은 지 사흘정도 지났는데, 아들의 초등학교 선생님에게서 연락이 왔습니다.

"어머니, 잘 지내시죠? 어, 이게 어떻게 된 일인지 모르겠는데요. 갑자기 아이가 너무나 좋아졌어요. 지금 교실 애들하고 너무 잘 어울리고 얘기도 잘하고 있거든요? 참 놀랍죠?"

이후로 이 가족은 우리 교회에 출석하여 본 예배에 참여하게 되었고,

가족 전체가 교인 등록을 하게 되었습니다. 아이 어머니를 교회에서 처음 뵈었을 때, 그간 있었던 아들의 치유에 관한 사연을 제게 전달해 주었습니다.

"안녕하세요, 목사님. 직접 대면해서 뵙기는 오늘이 처음이지만, 그간 저는 목사님의 설교를 유튜브로 계속 듣고 있었어요. 특히 지난번 목사님께서 축도 전에 치유를 선포하실 때, 남자 아이에 관한 회복을 선포하셨는데, 그 후로 우리 아들이 너무나 좋아져서 이렇게 교회에 직접 나와 등록까지 하게 되었습니다. 정말 감사드리고, 이 모든 영광 하나님께 올려 드립니다."

저는 이렇게 거의 매 주일마다, 주님께서 보여 주신 비전에 따라 주님의 치유를 선포합니다. 그런데, 솔직히 말하면 환상으로 보이는 대로 치유를 선포한다는 건 대단한 부담이 아닐 수 없습니다. 그럼에도 두렵고 떨림 속에 믿음으로 선포를 하고 나면 여기저기서 전화가 오고 문자가 옵니다.

"목사님이 아까 선포하신 대로 심한 어깨 통증이 나았습니다. 피부병이 나았습니다. 손가락 통증이 나았습니다. 허리 통증이 나았습니다. 두통이 없어졌습니다. 오십견 팔이 놀랍게 올라갑니다. 간수치가 정상으로 돌아왔습니다. 전립선에 치유의 기적이 일어났습니다. 녹내장이 치료받았습니다. 그렇게 아프던 치통이 없어졌습니다. 발바닥 통증도 없어졌습니다. 찌르는 듯한 눈에 통증이 날아가 버렸습니다."

일일이 나열하기 어려울 정도로 수많은 치유의 은혜를 베풀어 주셨습니다. 이 가운데는 몇몇 암환자 분들에게 임한 놀라운 치유의 은혜도 포함되어 있습니다. 저는 지금 우리 능력교회 가운데 참빛 기도원을 통해 우리 교회에게 약속하신 베데스다의 기적이 현재 진행형으로 이루어지고 있음을 믿습니다!

솔직히 아직도 여러 가지 면에서 부족하고 능력을 더 받아야 하지만, 저는 우리 교회가 놀라운 치유의 기적이 불같이 나타나는 하나님의 처소가 될 줄 확신하고 있습니다. 38년 된 중풍병자가 베데스다 연못의 예수님을 만나 모든 질병에서 놓임을 받고 구원의 은혜를 누린 것처럼, 우리 지축 능력교회를 통해 살아계신 주님의 치유를 체험하고 주님과 만나는 축복의 처소가 되기를 오늘도 꿈꾸고 나아갑니다. 할렐루야!

Chapter 28

성령의 불씨를 옮기다

[행 19:2-6]

2 이르되 너희가 믿을 때에 성령을 받았느냐 이르되 아니라 우리는
성령이 계심도 듣지 못하였노라
5 그들이 듣고 주 예수의 이름으로 세례를 받으니
6 바울이 그들에게 안수하매 성령이 그들에게 임하시므로 방언도
하고 예언도 하니

2023년 2월의 어느 날, 화성시 봉담에 있는 개척 교회에서 부흥 집회를 인도해 달라는 요청이 왔습니다. 그간 타 교회에서 몇 번의 설교는 해 봤지만, 이번은 설교만이 아니라 이틀간 집회를 요청했기 때문에 경험이 없던 저로서는 여러 모로 막막했고 심적 부담이 상당했습니다.

어쨌든 집회 날짜는 다가왔고 원로목사님과 부목사님과 함께 초청된 교회 안으로 들어갔습니다. 개척한지 몇 년 되지 않은 교회였지만, 젊고 활기찬 담임목사님을 중심으로 성도 간에 단합이 잘되는 화목한

분위기의 교회였습니다.

집회를 앞두고 본 교회 성도들이 기도 준비를 많이 한 것 같았습니다. 제 걱정과는 달리 집회 가운데 말씀의 은혜와 성령의 기름 부으심이 충만하게 나타났기 때문입니다. 특히 그동안 신앙생활 가운데 별다른 성령의 은사나 방언의 경험이 없던 분들 중에 이번 집회를 통해 성령 충만을 체험한 분들이 많이 생겨나게 되었습니다.

그 집회 가운데 특별히 기억나는 장면이 있습니다. 방언을 받겠다는 성도들이 줄을 서서 오는데, 그 가운데는 자메이카 출신의 흑인 자매가 있었습니다. 저는 그간 한국 성도들이 방언 받는 장면은 수도 없이 경험했지만 외국인의 경우는 이번이 처음이었습니다. 안수 기도를 해 주시는 원로목사님 앞으로 덩치 큰 흑인 자매가 방언을 받겠다고 마주해 앉아 있는데, 어떻게 무슨 말을 해야 할지 참 난감해하셨습니다. 그러자 옆에 계신 통역하시는 집사님이,

"목사님. 무슨 말씀을 하시든 이 자매에게 그대로 통역으로 전달할 것이니, 그냥 편하게 말씀하시면 됩니다." 말씀해 주셨습니다. 그렇게 원로목사님께서 방언에 대해 간략하게 설명하시면, 옆에 집사님이 곧장 그 자매에게 통역을 했습니다.

맨땅 개척 미라클 챌린지

어느 정도 설명이 끝나자 저와 원로목사님이 바로 손을 얹어 안수 기도를 했는데, 처음엔 영어로 기도를 하던 자매가 갑자기 혀가 휙~ 하고 돌아가더니 눈에서 눈물이 떨어지기 시작했습니다. 제 팔뚝에 자매의 눈물방울이 떨어졌는데 자매의 눈물방울이 마치 빗방울처럼 느껴졌습니다.

그러는 동시에 입에서 방언이 터져 나왔는데. 영어가 아닌 정말 다른 언어로 방언이 나왔습니다. 흥미로운 건, 영어와 한국말은 언어 차이가 확연한 반면, 방언은 우리나라 분들의 방언이나 자메이카 자매의 방언이 다 비슷비슷 하다는 것이었습니다. 이렇게 해서 그 자메이카 자매도 방언의 은사를 받게 되었습니다. 그리고 제가 본 환상을 통해 그 자매에게 찬양의 사명이 있음을 보여 주셨는데, 주님 은혜에 감격한 그 자매는 바로 다음 주부터 교회 찬양팀에 합류하여 주님을 섬기게 되었다는 소식을 전해 듣게 되었습니다.

집회 가운데 감사하게도 주님의 Touching, 즉 '마음 만지심'의 역사도 있었습니다. 한창 집회가 열리고 있는 가운데, 예배당 안으로 들어오지 않은 채 계속 주변을 맴도는 고등학생 정도 돼 보이는 자매가 있었습니다. 알고 보니 목사님 따님이었습니다. 사연을 듣고 보니 그럴 만한 이유가 있었습니다. 처음에 목사님과 사모님이 교회 개척을 했을 때, 컨테이너 안에서 몇 년이나 사셨답니다. 목사님 자녀들 역시 그런

열악한 환경 가운데 자라면서 마음고생이 심했던 모양이었습니다. 그 럼에도 목회자 자녀라는 신분 탓에 마음대로 하지 못하고 그냥 억지로 교회 출석만 하며 지내는 상황이었습니다. 이틀간의 집회가 있었지만 역시나 억지로 끌려오다시피 왔을 뿐, 아직도 주님을 향한 마음을 열지 못한 상태였습니다.

그렇게 마지막 날 저녁이 되어 온 성도가 뜨겁게 통성으로 기도하는 가운데, 저는 그냥 그 자매가 있는 쪽으로 다가가 그에게 안수 기도를 해 주었습니다. 주님은 이때, 저의 영안을 열어 주시며 이 자매에 관한 환상을 보여 주셨습니다. 그리고 환상을 본 대로 자매에게 말해 주었 습니다.

"자매님. 주님께서 자매님에 관한 세 가지 환상을 보여 주셨습니다.
첫째, 따로 떨어져 있는 외로운 물고기입니다.
둘째는, 시들어진 꽃. 그러나 그 꽃에 주님께서 물 조리개로 물을 주 시는 모습이 보입니다.
셋째, 힘들지만 이를 악 물고 종의 줄을 잡고 종소리를 내기 시작하 는 모습이 보입니다. 자매님. 이게 무슨 뜻인지 아시겠어요?"

저의 질문에, 순간 자매의 눈가에 눈물이 맺히더니 주르륵 흘러내렸 습니다. 그리고 고개를 끄덕끄덕했습니다. 저는 그렇게 자매에 대한

 맨땅 개척 미라클 챌린지

기도를 마무리를 하고 다른 분에게로 옮겨가 기도를 시작하려 했습니다. 그런데 갑자기 밖에서 웅성거리는 소리가 들렸습니다. 무슨 일인가 고개를 돌려보니 목사님 따님이 펑펑 울고 있는 것이었습니다.

갑작스런 이 자매의 울음에 놀란 성도들이 눈짓으로 서로 간에 '무슨 일이야?', '왜 그래?' 하는데, 목사님 따님 옆에서 위로하는 다른 자매가 손으로 OK 표시를 하며, '괜찮아요' 사인을 보냈습니다. 그렇게 자매는 손바닥에 얼굴을 묻은 채 한참을 울었습니다. 얼마간의 시간이 지나 얼굴을 들고 눈물을 닦으며 웃는데, 정말 감사하게도 주의 은혜의 광채가 나는 새 얼굴로 변해 있었습니다. 주님께서 그 자매의 마음을 만져 주신 것이었습니다!

그날 저녁, 집회는 밤 11시경 마무리되었습니다. 저희 교회 목사 일행은 그렇게 집회를 마치고 집으로 돌아왔습니다. 그런데 본 교회 교인들은 은혜가 너무나 충만한 나머지 ,밤 12시에 다시 교회로 모였다고 합니다. 일단 배가 너무 고파 통닭을 시켜 먹고 허기를 달랜 다음, 새벽 1시경부터 다시 뜨겁게 찬양하고 기도를 시작했는데 마치 오순절 마가의 다락방을 방불케 하는 충만한 성령의 임재가 온 교회 가운데 임하게 되었다고 합니다.

집회를 인도한 목사로서, 해당 교회의 많은 성도들이 사랑 충만, 은혜 충만, 성령 충만을 받았다는 소식을 전해 들었을 때, 얼마나 가슴이 뿌듯하고 보람이 있었나 모릅니다. 이것이야말로 하나님이 우리 교회를 세우시고, 큰 은혜를 부어 주신 이유라는 사실을 깨닫게 되었습니다.

저는 덕은동 개척교회 시절, 선교사님을 통해 우리 교회에 선포된 '21세기 대한민국의 성령 운동 센터'의 비전을 지금도 강하게 확신하고 있습니다. 우린 연약해도 우리 안에 거하시는 성령은 모든 능력과 권세를 가진 **하나님**이시기에, 그를 믿는 자에게 능치 못하심이 없는 줄로 믿습니다. 우리 능력교회가 이 땅에 존재하는 이상, 성령의 불을 온 나라와 세계 열방에 옮겨 붙이는 사명을 생명 다해 충성되이 감당할 것입니다. 그 성령의 역사하심이 우리나라와 온 세계 열방 가운데 퍼져 나갈 수 있도록 오늘도 한걸음씩 힘차게 전진해 나가겠습니다. 할렐루야!

　　　　　　　　　　　　　　맨땅 개척 미라클 챌린지

Chapter 29

미완의 과제, 그리고 새 비전을 향하여

[사 60:22]

그 작은 자가 천 명을 이루겠고 그 약한 자가 강국을 이룰 것이라 때

가 되면 나 여호와가 속히 이루리라.

소위 맨땅 헤딩 개척으로 시작해서 신도시 성전 건축까지 이룬 큰 은
혜를 받은 우리 교회이지만, 그럼에도 우리가 지닌 연약함과 과제 또한
분명합니다. 무엇보다 우리가 반성할 점은, 주님께서 그동안 많은 은
혜와 능력을 부어 주셨지만 생각보다 괄목할 만한 성장을 이루지 못하
였다는 점입니다. 그리고 그동안 교회 안에서 발생한 크고 작은 어려
움으로 인해 믿음의 여정을 끝까지 함께하지 못한 분들에게, 담임목사
로서 책임을 통감하며 미안하고 송구한 마음을 전하고 싶습니다.

몇 해 전 교회 내 큰 시련의 시간이 있었습니다. 자칫 교회의 심한 분
열로 이어질 수 있는 위험한 순간을 지냈습니다. 이러한 시련을 겪은
후, 우린 다시 초심으로 돌아가기로 결심했습니다. 우리 교회가 결심

한 초심은 바로, 기도의 회복이었습니다. 이런 어려움을 계기로 우리 교회는 오직 기도로 승부를 걸었습니다. 모든 문제보다 더 크신 주님을 더욱 강하게 의지하고자 그때부터 특별 작정 기도회를 시작했습니다. 6월에는 '40일 여리고 기도회'를 열었고, 10월에는 '21일 다니엘 기도회'를 시작했습니다. 그리고 이듬해 사순절에는 '겟세마네 기도회'도 했습니다. 이렇게 교회에서 온 힘을 모아 작정하고 기도회를 시작하니 이때부터 문제들이 하나씩 해결되기 시작했습니다. 교회 내 숨어있던 악한 영들이 물러가면서 그동안 입은 영육간의 상처가 다시 치유되었습니다. 급기야는 예전에 떠났던 성도들이 하나씩 둘씩 교회로 다시 돌아오는, 관계의 회복의 역사까지 나타나게 되었습니다.

워터 페스티벌(주일학교 여름 행사)

맨땅 개척 미라클 챌린지

결국 언제 그랬냐는 듯 교회와 성도는 다시금 하나가 되었습니다. 지난 8월 전교인이 힘을 합해 '워터 페스티벌' 전도 행사를 개최했습니다. 인근 지역의 40명의 어른들과 45명의 아이들이 우리 교회에 방문을 했습니다. 그 중 8명의 아이들이 주일에 교회에 나왔고 지금도 계속해서 몇몇 가정과 아이들이 교회에 출석하고 있습니다. 주님의 역사하심으로 영혼의 구원과 성도간의 화합이 동시에 이루어졌습니다. 이로 인해 기도라는 것이 얼마나 주님의 역사를 체험하는 축복의 통로이며 은혜의 열쇠인가를 절실히 깨닫게 되었습니다.

사도 바울의 고백처럼 하나님은 우리가 약할 그때에 강함을 주시는 분이십니다. 우리가 주님 앞에 겸비하고 연약함을 인정하며 주님만을 의지하고 나갈 때, 주님은 우리 교회에 진정한 새 힘을 주심을 믿습니다. 언젠가는 반드시 주께서 우리 교회에 약속하신 3대 비전, 즉 천 명 성도 부흥, 베데스다 기적, 그리고 성령 운동 센터라는 꿈이 반드시 성취될 줄로 믿습니다.

어느덧 능력교회를 개척한 지 18년 차가 되었습니다. 그러는 사이 우리 교회는 남들이 평생 한번 하기도 어렵다는 건축을 3번이나 한, 다소 특별한 이력을 지닌 교회가 되었습니다. 물론 대형 교회 건물과는 비교가 되지 않은 아주 소규모의 사이즈였지만 말입니다.

지난 시간을 돌아보면, 은혜라는 단어 외에는 설명할 수 없다는 생각
이 듭니다. 우리에게 그럴 만한 이유가 있어서가 아니라 오직 우릴 사
랑하신 주님의 영원한 사랑 덕분에 오늘의 우리가 존재하고 있음을 다
시 한번 깨닫습니다. 그 사랑의 주님께 영원한 사랑과 충성을 약속드
립니다.

기도

주여! 우리 능력교회에 성령의 기름을 부으사 주신 사명을 충성되
이 감당하는 교회 되게 하옵소서. 우리나라와 온 세계 열방에 성령
의 불씨를 옮겨 붙이는 성령 운동의 센터가 되게 하여 주시옵소서.
그 불길이 옮겨진 교회들로부터 다시 주의 성령의 역사가 시작되
어 살아 역사하는 교회, 능력 있는 교회, 치유가 역사하는 교회, 부
흥하는 교회로 세워질 수 있도록 축복하여 주시옵소서.

특별히 간구하옵기는 나라 안의 수많은 개척 교회와 미자립 교회
에서 섬기는 모든 주의 종들과 헌신자들에게 성령의 불을 내려 주
셔서, 일어나 빛을 발하는 교회들과 사역자들로 세워질 수 있도록
역사하여 주시옵소서. 예수님의 이름으로 기도드립니다. 아멘.

지축능력교회 예배 전경

이 땅에 '미라클 개척(Church planting) 챌린지'가
일어나기를 꿈꾸며

저에게는 한 가지 소망이 있습니다. 우리나라 교회들, 특별히 개척 교회 가운데 놀라운 부흥의 역사가 불붙는 꿈 말입니다. 아무도 주목하지 않았던 작은 교회들에게 성도들이 몰려오고, 월세 부담에 허덕였던 작은 교회들이 어느덧 새 성전을 건축하고 하나님의 강한 나라로 일어서는 기적과 도전이 수많은 개척 교회들 가운데 나타나기를 간절히 소망하고 있습니다. 저는 이것을 '미라클 개척 챌린지'라 부르고 싶습니다.

우리 능력교회 역시 작고 연약한 교회로 시작했습니다. 쫓겨난 10명의 성도들이 아무런 준비 없이 시작한 소위 맨땅 헤딩 개척이었습니다. 그러나 이토록 작은 교회 안에 역사하신 하나님은 결코 작지 않으셨습니다. 우리에게 큰 비전을 주셨고, 3번의 건축이라는 큰 역사를 일으키셨고, 결국 지축 신도시에 자리를 잡고 이제는 더 큰 비전과 목표를 향해 전진할 수 있는 교회가 되도록 인도해 주셨습니다.

혹시 누군가 우리에게 맨땅 개척을 넘어선 특별한 비결을 묻는다고

맨땅 개척 미라클 챌린지

하면, 저는 한 가지는 말씀드릴 수 있을 것 같습니다. 바로 성령의 역사입니다. 아무도 알아봐 주지 않는 이 작은 교회 안에 성령께서 운행하시고 역사하시니 그곳에 기적이 나타났습니다. 아직 목회자 사례비도 못 주는 교회가, 아직 차량 할부도 못 갚는 형편없는 교회가, 놀랍게도 첫 땅을 구입했습니다. 빈손 개척을 시작한지 2년 만에 말입니다. 성령님은 이뿐 아니라 앞으로 있을 신도시 개발을 미리 알려 주시면서 화전동에 땅을 구입하라 하셨습니다. 우린 그대로 순종했습니다. 물론 3, 4년간 먼지를 온통 뒤집어쓰는 고생은 했지만 결국 땅값이 두 배로 오르는 은혜 덕분에 지축 신도시 입성의 문이 열리게 된 것이었습니다. 또한 성령은 앞으로 우리 교회가 들어갈 땅을 참빛 기도원을 통해 미리 알려 주셨습니다. '푸른 잔디의 땅'이 우리의 터전이 될 것이라 하셨습니다. 우리는 그 땅을 지축동에서 발견해 믿음으로 구입을 했고, 결국 성전 건축까지 완공해 오늘에 이르게 되었습니다. 솔직히 아무 준비 없이 시작한 교회 개척에서 살아남을 확률은 제로에 가까운 것이 오늘날의 현실이지만, 성령께서 함께하시면 불가능에 가까운 생존 확률도 뚫어 낼 수 있다는 것이 우리 교회를 통해 증명되었다고 저는 믿습니다.

사도행전에 기록된 거의 모든 교회들은 바로 성령의 역사로 부흥했다는 공통점이 있습니다. 초대 교회인 예루살렘 교회도(행6:5), 선교센터인 안디옥 교회도(행11:24), 소수에 불과했던 에베소 교회도(엡19:6) 오직 모두 성령의 역사로 부흥했다고 성경은 동일하게 증언합니다. 마찬가지로 사랑하는 개척 교회 동역자 여러분. 여러분의 교회에 성령께서 역사하시도록 목회 주도권을 성령께 **양도**하시는 것이 개척 교회 한계 돌파의 핵심 키워드입니다. 우리의 생각을 내려놓고, 기도로 무릎으로 하나님을 의지하면 그때부터 성령께서 친히 운전대를 잡고 여러분이 섬기는 교회를 은혜의 길로 인도해 주시는 것입니다.

성령께서 운행해 주시면 그 때부터 교회에 새로운 변화가 나타납니다. 그 교회에 하나님의 새로운 창조의 역사가 나타나고(창1:2), 우리의 눈과 귀와 마음으로 생각지 못한 하나님의 예비하심, 즉 여호와 이레의 은혜를 누리게 되며(고전2:9), 그간 교회의 앞길을 막았던 모든 사탄의 견고한 진들- 교회의 분열, 물질의 결핍, 크고 작은 질병의 세력들이 남김없이 주님의 권능 앞에 무너지게 될 것입니다(고후10:4). 이 같은 성령의 역사하심으로 여러분의 개척 교회에 마가의 다락방 같은 부흥의 불이 임하여(행2:3), 결국 초대 교회가 누렸던 기적과 도전의 'Acts 29' 신(新) 사도행전의 역사를 써 내려가는 교회들로 쓰임받게 되실 것입니다. 이러한 미라클 개척 챌린지의 은혜를 누리는 여러분의 교회들이 되시기를 축복하며 소망합니다.

사랑하는 개척 교회 동역자 여러분! 누가 뭐라 해도 교회 개척은 이 땅에 하나님의 나라를 세우는 위대한 과업입니다. 악한 자들이 점령해 온 땅을 다시 하나님의 땅으로 되찾아오는 영적 수복 작업이 바로 교회 개척의 본질입니다(마16:18~19). 그러므로 개척 교회를 섬기는 우리는 척박한 황무지를 옥토로 개간하는 하나님의 충성된 일꾼이요, 영적 전쟁의 최일선에서 적군과 싸우는 용맹한 주님의 군사이기에 우린 누구보다 주님의 사랑과 관심을 받는 **큰 은총의 사람임**을 기억해야 합니다 (단10:11). 십자가의 길 순교자의 삶을 살아 간 사도 바울의 고백처럼, 우리도 척박한 개척의 현실에도 불구하고 선한 싸움을 싸우고 달려갈 길을 마치고 끝까지 믿음을 지킴으로 주님께서 씌워주시는 의의 면류관을 받아 쓰는, 착하고 충성된 종으로 인정받는 저와 여러분이 되어야 하겠습니다. 할렐루야!

책을 마무리하면서, 끝까지 주님을 신뢰하는 자들에게 새로운 희망과 미래를 주시는 은혜로우신 주님께 사랑의 노래를 올려 드리기 원합니다. 아멘, 주 예수여 높임을 받으소서!

미래와 희망

서충은 작
이강균 곡